戦場の詩人

森國久の写真詩と日中戦争

田口宏昭
Taguchi Hiroaki

熊日出版

はじめに　森國久による《写真詩》の創案と日中戦争

森國久（もりくにひさ）は過去の人でもあるが現在の人でもある。彼の人生は平凡であるようで極めて非凡である。そのような彼が、天から与えられた人生を個性的に生き抜いている途上で、我が家に妻と子と一冊のアルバムを遺（のこ）して仕事の旅先で急死した。一九六一年の梅雨のさなかのことである。四十八歳という短い生涯であった。妻子はもちろんのこと、彼のことを知る何千、何万という人びとにとってそれはまさに青天の霹靂（へきれき）であったに違いない。

それから半世紀以上の歳月が流れた。時はあれこれの記憶を忘却のかなたに押し流すのがつねである。けれども押し流してしまってはいけない記憶がある。彼が遺したこの一冊のアルバムの意味を発見したとき、これこそは、忘れ去られてはならない記憶を忘却のかなたからたぐり寄せるための大切な手掛かりであると感じた。私が本書を著そうと決心した動機はそこにある。

彼の遺族から初めてこのアルバムを見せていただいたときのことが今でも忘れられない。角はすり切れ、今にも全体がバラバラになりそうなアルバムを開いた。ゆっくりとページをめくった。アルバムの台紙も写真もセピア色に日焼けしている。めくる毎に私の目はそこに釘づけにされた。間隔を適度にあけて貼られた一枚一枚の写真の周囲にびっしりと文字が書き込まれているのである。少し声に出して読んでみると、字句のならびが一定の韻律を帯びていることに気づいた。これはほかに類例を見ないアルバムだと感じた。遺族に私の印象を伝えアルバムを借り受けることにした。

万年筆で書き込まれた崩し字は確かに読みづらかった。けれども私は根気よくその文字を一字一字追いながらすべての文字を読み通した。読み終えたとき、なんともいいようのない感動が、私の心をしばらくのあいだ満たし続けた。そこには彼の人間性が凝縮されていたのである。

文字を判読し終わると、私は文字の列をワープロで打ち込み、適宜に改行するなどして整理してみた。するとそこに浮かび上がってきたのは「写真詩」ともいうべき魂の新しい表現形式であった。しかも彼のその後の人生をつぶさに知るにつれて、その内容がその後の彼の人生の軌跡を予言していると思えてきたのであった。

森國久によるこのアルバムの「編集」作業の大半は兵舎の一室でおこなわれた。それは日中戦争のさなかの一九三八年の秋、彼が兵役のために二十五歳で中国の広東省の省都、広州に派遣され、兵役が解除されるまでの二年余りの間に進められたものである。それゆえこのアルバムは「戦場のアルバム」とも称すべきアルバムなのである。これは森國久の記念碑である。

本書はこの「戦場のアルバム」に凝縮された森國久の人間性を、森國久が二十代の半ばを生きた日中戦争という時代背景、ならびに彼が中国の南支で経験した日中戦争の局地戦ともいうべき八つの作戦・会戦を関連づけながら描こうとする試みである。

森國久は一九一二年（明治四十五年、大正元年）、熊本県天草郡の、面積がたった四平方キロメートル余りしかない樋島で生まれた。彼が生まれたとき、母親は実母であったが父親は実父ではなかった。不遇な家庭環境のなかで子どもながらの悲哀を幾度となく味わったが、幸い友に恵まれ、熱い友情の絆に支えられて少年時代の魂の階梯（かいてい）を元気よく駆（か）け上がった。

彼は十七歳か十八歳で新聞記者になり、二十二歳で警察官となる。太平洋戦争が終わった翌年に警察を退職して実業家になり、その後三十八歳で故郷の政治家になった。全国離島振興協議会副会長や離島振興対策審議会委員なども兼務した異色の経歴の持ち主である彼は、熊本県天草郡龍ヶ岳（りゅうがたけ）町長として職歴のページを閉じた。彼は波乱に満ちた人生を、どの局面においても鉄のような堅忍不抜の精神と竹のようにしなやかな魂で己も人をも包み込み乗り越えた。貫いていたものは、生きとし生けるものへの深い慈愛であり、己と異なるものへの広い寛容の精神であった。自他の人生へのこのような向き合い方がすでに「戦場のアルバム」のなかで予言されていたのである。

彼が政治家になったのは、当時の日本の村ならどこでも起こっていそうなある事件がきっかけであった。彼の故郷の村長選挙で買収事件が起こり、政治の刷新を求める若者たちが、故郷を離れて実業界に身を置いていた彼のもとに、村長選への出馬を要請してきたのである。そのような彼が政治家としていかなる足跡を残したかということについては、森純子・段下文男編著『地方創生に駆けた男―天草架橋・離島振興に命を賭（と）した森國久』にゆずることにしたい。そこで本書では彼の生涯のうち、日中戦争に若い一兵士として参加した二年数ヶ月に焦点を合わせ、抗しがたい運命のなかにあってもなお、己（おのれ）の魂に忠実に生きようとした一人の「兵士」、一人の「人間」森國久に光を当てたい。

そのような森國久の人間像を描こうとする本書に『戦場の詩人』という題名をつけたことには特別

のわけがある。

一九三七年半ばに始まる日中戦争と、一九四一年に始まる太平洋戦争は、一九四五年八月の、広島と長崎への原爆投下で幕を閉じた。彼は日中戦争のあいだの前半期に異国の地、中国南部の広東省で一兵士であるとともに一詩人として過ごした。夜、兵舎の中で一人の人間として詩作に親しんだ詩人であった。ただし一兵士であったことは自他共に認めるところであったが、一詩人であったことは当時誰一人として知らないことであった。遺族も気づかなかった。

　時は過ぎた。二〇一六年のことだが、筆者がたまたま彼の遺品のアルバムの中に写真と一体となった「詩」あるいは「詩らしきもの」を発見し編集してみると、十数編の詩が浮かび上がってきた。すると兵士、森國久は戦場である中国南部の広東で詩を書いていたということになる。そこで彼を「戦場の詩人」と呼ぶことにしたのである。しかもここでの二年数ヶ月の後にも前にも彼は詩を書いていない。その意味では彼は「期間限定の詩人」ではある。けれども、そこに見られる詩魂ないし詩人の魂は、時と場所を越えて、彼のその後の人生の根底で生き続け、その人生を個性的で味わい深いものにしたと思われる。人は誰でも詩人となる資格を持っている。はっきりと言語化される前の己（おのれ）の無意識の層を誰もが持っている。そこでうごめく言語（客観化される前の前言語状態）とイメージのゆるやかに絡まり合った状態（マグマ状態）から、言語というシンボルを前面に押し出して客観化すれば、誰のものであろうとそれが詩になる。言語化の一歩手前でとどまれば、他者からは詩とは認められないだけの話である。そのイメージを言語ではなくリズムを持った音の世界で客観化すれば音楽になり、色と形の世界で客観化すれば絵画となる。すべて《原資》ないし《もとで》は、個々の人間が秘める多種多様な方向にむけて懐胎の瞬間を待つ無意識層の前言語とイメージのうごめきである。

森國久もこの二年数ヶ月という短い歳月の、おしなべて非日常的な、あるいは半ば非日常的な経験の渦のなかで、ふつふつと湧き起こる前言語とイメージを言語化する衝動に駆られたことであろう。戦場という限られた空間の、個としての行為が極めて限られた時のあわいに魂を羽ばたかせた「期間限定の詩人」なので、彼は「戦場の詩人」なのである。そこで本書のタイトルを『戦場の詩人』とした。

その主題のいくつかは、時空をはるか隔てた今日にも通じる新鮮で、かつ普遍的でもある主題である。彼の詩を味わいながら見えてくるのは、彼という人間の、子ども、動物、人間への愛であり、想像力の豊かさであり、環境適応（順応ではない）におけるレジリエンス、すなわち心の弾力性の豊かさである。

筆者が特に関心を引きつけられるのは、森國久が兵役を解かれて日本に帰還し、詩作に終止符を打った後にも、その詩魂が形を変えて彼の生き方の深いところで脈打っていたという点である。そこに一貫していたのは、警察官であったときも政治家であったときも、権威や権力に屈服したり媚びへつらったりしなかったことである。言うべきことは筋を通して何度でも相手に伝える努力をしたのである。しかも必要に応じて柔軟に静かに抵抗しながら強いて事を構えずむしろ他者を感化し、自ら目標と思い定めたことを粘り強く追究し、一人の人間として自分を必要としている目の前の人間と向き合う姿勢であった。その断固とした有言実行の姿勢の奥底に流れていたのは、何人も羊群の一頭に甘んじてその一生を終わるべきでないという信念であり、彼が考えていた民衆の喜怒哀楽に対する鋭い感受性であった。

本書は『戦場の詩人―森國久の写真詩と日中戦争―』と題したのであるが、それは日中戦争の戦場の一つである中国の華南での二年余りの兵役期間中に、一方ではアマチュアの詩人の魂を持って、他方では兵士として生きたという経験を言い表そうと意図したものである。そこで本書の構成は全体をI部とII部に分け、I部においては写真に詩を添えて彼が創案した《写真詩》を中心に、詩人の魂の側面に光を当てることにした。他方II部においては、森國久の足跡をたどれるように写真詩の内容の土台となる戦争の出来事を、彼が参加した作戦毎に時系列にしたがい記述すると同時に、彼が戦争に参加しながらも戦争との間に一定の《間合い》をとっていたことを明らかにする。I部とII部は相互に補完し合うものであるが一応このように区分することにした。

第I部「戦場の詩人」の第1章「森國久の詩作について」では、彼の遺品であるアルバムから写真詩を発見したいきさつや、彼の詩作の時代背景などについて述べる。

第2章「森國久の《写真詩》」では彼の緊張をはらむ戦場体験と直接結びつく詩や、作戦の合間の半ば非日常的な日々の出来事にちなんだ詩を紹介し、それに筆者の解説を加え、多様な世代の読者に向けて理解の一助となるよう心がけた。

上記の期間、兵舎の中で森國久は多くの詩を書いていた。そのほとんどが自ら参加した作戦にまつわるものである。日中戦争下に、彼は日本軍が占領した広東に派遣され再び日本に帰還するまでに八つの作戦に参加した。それらの作戦の合間をぬい、自由な時間が得られる夜になると自分の個室でペンを走らせたのである。従軍記者や従軍作家が仕事としてペンを走らせたという話はありふれているが、一兵士が心のおもむくままに詩を書くという話はついぞ耳にはさんだこともない。きわめてまれな例であろう。このことを特に強調しておきたい。

第3章「戦場の書斎」においては、彼のアルバムに残された一枚の写真に映り込んださまざまなモノを通じて、戦争という「非日常」における森國久の「日常」の生活を描きだそうと試みた。軍曹の彼にあてがわれた兵舎の中の個室は、眠るための部屋であると同時に書斎としても使われた。長期の作戦で兵舎を留守にするとき以外、森國久はそこで手紙を書き、写真の整理を行い、専門書や総合雑誌を読みふけった。そしてそここそが詩作の場所でもあった。

第4章「友よ―回想と悔恨と」では、森國久が戦地から日本に帰還して間もない頃に書いた随筆の内容について考察する。公表されることを想定していないので、この随筆にはかえって彼の本心がよく表れている。生死を共にした人間同士に固い友情が育まれる。この友情によって結ばれた戦友の安否を彼が気遣う内容である。戦友は米国との激戦が予想される赤道直下の戦線に送られた。他方、森國久は一足先、無事に日本に帰還した。田舎町で平穏に日々を送ることをめぐって彼の後ろめたさが切なく吐露されている。森國久がしたためた、短いが心を打つ切ない一文についての筆者の考察である。

第Ⅱ部「戦争との距離―華南の大地で」の序章「森國久が参加した戦争・作戦」においては、森國久が参加した合計で八つの作戦を列挙しつつそれを概観する。

第1章「台湾―淡水と広東―増城での作戦」とそれに続く第2章「汕頭・潮州攻略戦と従化での作戦」、第3章「最も苦しかった戦い―翁英作戦―」、第4章「翁英作戦から賓陽作戦へ」ならびに第5章「良口会戦から北部仏印進駐まで」においては、それぞれの作戦の詳細を明らかにするよう努めた。

これらの作戦は直接的には中国軍相手のものであった。一つの作戦が短期間のこともあったが、二ヶ月くらいにわたる作戦もあった。比較的負担の軽い作戦もあったが、他方では生死すれすれの厳しい戦いもあった。広東省広州の北方で展開された作戦などは後者である。

いずれも彼の詩作の背景となる戦場体験ばかりである。彼が参加した八つの作戦と、彼ならびに彼が所属していた輜重兵部隊の行動と足跡を、彼自作の詩、彼の軍隊手帳の記録、国立公文書館の資料、従軍記者や戦史研究専門家の著作等を付き合わせながら、筆者としては初めての試みなので慣れない手つきであったが戦史分析の第一歩のつもりで記述した。

日中戦争が泥沼化していく過程で、日本軍は東シナ海、台湾海峡、南シナ海の制海権を確保しつつインドシナ半島、マレー半島、インドネシア諸島の占領を進めた。その進撃は日本という国家の生存戦略の核心ともいえる資源確保を視野に入れた戦略構想であったのだが、兵站機能を無視した無謀ともいえる戦線拡大の「展望なき展望」のなかで、戦争が自己目的化し、やがて敵対する米国による原爆投下で日本はすべてを失った。この過程で南シナ海の海南島とともに広東は戦略的要衝の地であった。そこへ森國久は派遣されたのだ。森國久の戦争体験は、このようなユーラシア大陸の東部から東南部にかけての地政学的大激動の渦中になげこまれ、幸いなことに九死に一生を得た体験である。

戦争といえば、十九世紀ナポレオン時代の軍略の大家でありかつ戦争の哲学の大家でもあるクラウゼヴィッツの著書『戦争論　上』において呈示された、「戦争とは暴力行為である」、という峻厳な命題が想起される。それは、戦争に関する一切の情緒的判断を拒否して戦争の本質を語る。

だが他方で、人はこの峻厳な命題の前で、暴力行為の目的達成によってその成果が最終的に誰に帰せられるのかと問い返すこともできる。もしあえて人がそう問うならば、国民大衆が得られる成果は、本来の職業軍人が得ることができる成果―立身出世、それにともなう高額な報酬、有利な閨閥の形成、名声や賛辞等々―と比べて、決して払った犠牲に見合うものとはならないであろう。

それはさておくとして国民大衆の一人である森國久が、同じくその大衆の一人である戦友に対して抱く思いは、戦争の目的や手段の次元とは別次元で、抗しがたい力のあわいに人間が生きるということの意味の重さを私たちに問いかけているように思えてならない。

「人生が二度あれば」という、ある歌の歌詞を思い出す。それはある時代の青春を駆け抜けた一シンガーソングライターが作詞した「人生の夢と悲哀」の走り書きのようなものだ。現実は一回限りの人生。しかも一人一人の人間は時間と空間を超越して生きることは難しい。少し大げさな言い方をすれば、歴史を超越して生きることは難しい。しかしそれでもなお一人一人の人間が自身の内面に秘めている想像力の可能性を信じるならば、時代が個人に課す制約・限界の境界線をしたたかに融解し、その隙間を押し広げて己の想像力を羽ばたかせることができるだろう。森國久こそ、そのような生き方を、身をもって実践した人であったのではないか。今そのようなことに思いをめぐらしているところである。

新型コロナウイルスの感染拡大が、現代の世界や私たち一人一人の生活様式を、それまでとはうって変わったものにしてしまった。けれどもこれが未来永劫続くものではないだろう。それを早々と断ち切ることができるかどうかは、私たちが想像力の可能性を信じ、それを創造力に転換していくことだ、と自分に言い聞かせつつペンを置く。

戦場の詩人——森國久の写真詩と日中戦争——　目次

第Ⅰ部　戦場の詩人

第Ⅱ部 戦争との距離──華南の大地で

【凡例】

・本文中の敬称は省略した。
・年号は原則として西暦を用いた。
・今日では使われない言葉や表現は、作品の書かれた時代を考慮し、原文尊重の方針に従って原則そのままにした。
・資料を引用する場合は、読みやすさを考慮して、原則として漢字を新字体に改め、旧仮名遣いを現代仮名遣いに改めた。明らかな誤字、誤植は訂正し、適宜、読み方の難しい漢字にはルビを振った。
・引用文の典拠は本文中に簡略化して記載し、本書で引用・言及した文献の著者、発行年等は巻末の「参考文献」にまとめて掲載した。

第Ⅰ部　戦場の詩人

籐椅子に座る森國久

第1章　森國久の詩作について

原稿の発見

筆者が本書を書こうと決心するきっかけになったのは、森家が保管していた一冊のアルバムとの出合いであった。

二〇一六年秋のある日、私は森家で一冊のアルバムを見せられた。そのアルバムには、森國久が中国の華南（かなん）ですごした軍隊生活にかかわる写真がたくさん貼りつけられている。それらの写真が赤茶けたアルバムの台紙に貼られ、しかも万年筆による丁寧な書き込みが随所（ずいしょ）に見られる。写真の裏にびっしりと文字が書き込まれているものもある。写真もアルバムも古ぼけていて、古い記憶をかき立てるような特有の古びた紙の匂いが漂ってくる。写真の傍（かたわ）らや裏に書き込まれた言葉の内容から判断すると、すでに戦地にいた頃からそのアルバムを我が身の傍らに置いて写真の整理や覚え書きの書き込みをおこなっていたらしい。そのとき森國久がそれを故国に持ち帰ってからすでに七十六年の歳

森國久のアルバム

月が流れていた。

　このアルバムのページをめくっていく。めくりながら、セピア色に変色した一枚一枚の白黒写真に目が引きつけられた。いずれの写真も物めずらしかった。軍隊の行軍、敵味方の交戦、戦い疲れて夕日を呆然と眺める兵士たちの姿。軍馬と人間。作戦地で正月を祝う日本軍兵士の姿。日本軍兵士以外には人気のない広東省の省都、広州の市街地風景。中山記念碑の上の日本軍兵士の姿。兵営の中の居室等々。いずれも私が直接この目で見たこともない時代と世界の映像記録であった。

　気になることがあったので、もう一度最初からページをめくってみた。今度は一枚ごとの写真の周囲の余白に添えられたペン書きの文字を追った。写真によっては説明らしきたくさんの文字が書き添えられている。しかもそれが崩し字なのでとても読みづらい。これらの文字列のいくつかを声に出して読んでみた。そのとき、もしかするとこれは詩ではなかろうかと直感した。

　私はじっくり読みたかったのでこのアルバムを借りだした。それからこの直感にしたがって、試しに切れ目を工夫

アルバムの写真と詩

してワープロで文字を書きおこしてみた。すると、最初は判読の難しかった文字列が、不定形ではあるがリズム感のある文字列として浮かび上がってきた。定型詩のよく整った形ではないが、これにはひどく驚いた。これは何ということだ。それから何度も声を出してまた読み返してみた。まるでそこには詩人の魂が脈打っているではないか。筆者が経験したことのない世界なのに、まるで自分が経験しているかのように感じられる。しかも、手慣（てな）れた詩人の言葉の技巧（ぎこう）こそ感じられないが、初めての詩作に挑（いど）んだ若い詩人のような言葉のみずみずしさに惹（ひ）きつけられていった。

　写真にキャプション—短い説明文—をつけることはごくありふれたことだ。キャプションは写真の整理にも必要なものだ。だが、そのようなキャプションとは異なり、長い説明が森國久の写真についているのである。その長い説明が詩であることを私はここに発見したのである。

編集作業

「これは編集して解読する価値がある」と直感した私は、さっそく本格的に作業に取りかかった。たくさんの写真のなかから、覚書（おぼえがき）のつもりで書かれたと思われる説明がついた写真を中心に、書き添えられた文字数が比較的多い写真十数枚を選びだし、まず整理を試みた。

　旧仮名づかいは新仮名づかいに直した。漢字については旧字体を新字体にあらためた。明らかに誤字脱字と思われるものはそれを訂正した。一見したところ詩の形式をとっていないただの文字列に過ぎないように見えるものがあると、それらの内容を分析し、ひとまとまりの意味を持つ、と思われる文字列を連（れん）と見立てて仕分け、その前後を一行分空けながらワープロに打ち込んだ。さらに、文字列群の前に見出しがついているものはそれを詩のタイトルとして扱うことにした。そうでないものについては筆者が内容から判断してタイトルをつけた。

このようにして編集作業を進めていった。するとそこに森國久の詩の全貌がくっきりと浮かび上がってきたのである。

《写真詩》というジャンルの開拓、森國久の実験

そこには写真と詩の言葉を結合した新しい形式をもつジャンルがさりげなく展開されていたのである。それは新鮮な衝撃であった。それを森國久が意識した《実験》であったのかどうかは分からない。だが「そうだ、これは《写真詩》と呼ぶにふさわしい試みだ」私はとっさにそう感じた。今から八十年以上も前に彼以外にそのような試みをした人がもしいなかったとすれば、彼こそ《写真詩》というジャンルの開拓者なのかもしれない。

ところで彼が遺したアルバムの写真を調べていると、一方では自らシャッターを押して撮った写真があり、他方では彼が誰かにシャッターを押させ自らは被写体になった写真も数多いことが分かる。大別してこの二通りだが、いずれであるかが判然としない写真もあった。いずれにしても森國久は、自らの命が今日までか明日までか分からないこの瞬間の生き様を切り取り、写真という形で残そうという意志を持っていたのだろう。

かつての写実絵画がある特定身分の人間の存在を客観化して残そうという意図をもっていたのと同様、森國久も二度とおとずれることのないこの時間と空間のなかでの経験を残そうと意図していた

であろう。けれども違いは次の点にある。写真という手段は、まなざしが向けられる対象も記録に残そうとする人間の身分も、特権的な階層・身分から解放し、それを大衆化したのである。誰もが「シャッターを押す」という操作だけで短時間に見える世界、見る世界を写しとり、客観化するという作業にとり組むことができる。写真はその可能性を大きく押し広げたのである。日中戦争の一九三〇年代後半期には日本の軍隊のなかでも行軍や戦闘シーンが記録係の兵士によって、日常的に普通にかつ大量に撮影されるようになっていた。

軍隊と写真

モノクロではあったが写真技術の発達により、すでに当時においても精度のよい膨大な戦争の記録写真が残されるようになった。筆者の手元にあるものを一、二あげると『図説　日中戦争』[1]と『記録写真　太平洋戦争　上』・『記録写真　太平洋戦争　下』[2]がある。前者は「近現代フォトライブラリー」が保存している写真を活用し、史実に基づく解説をそれに施した写真戦史の書であり、後者は米軍が撮影した膨大な戦場記録写真を、米国の著名な軍事記者、ロバート・シャーロッドが日本人記者の中野五郎と共に編纂し、詳細な解説を施した写真戦史である。いずれも心情的な戦争賛美も戦争否定も慎重に避け、事実に基づき写真に描写された戦争の実態を怜悧に分析し説明を施した好著である。できる限り主観を排し、戦争という事実の科学的分析に写真を活用しようとしている。

前掲の『図説　日中戦争』が依拠したのは文殊社が所蔵し貸出サービスを行う「近現代フォトライブラリー」である。同社が収集した写真資料は膨大であっても未だ網羅的ではない。私の目の前にある森國久のアルバムに貼られた写真の数々は、そのライブラリーには登録されていないであろう。おそらくこのアルバムと同様、世間では家財の山に埋もれたままの、あるいはすでに焼却された同類の写真ドキュメントはおびただしい数に上ると推定される。

幸いにして森國久の写真は廃棄されずに森家が保管していた。写真の裏にもびっしりと文字が書き付けられた状態で妻に郵送されたものも含まれている。そのことから推定すると、彼の写真は広東省の広州市内で撮影され、現像され、印画紙に焼きつけられたはずの写真である。中国人が経営していた街の写真屋が、日本軍が進駐後も営業していたとしても、軍事機密に属する写真もあるだろうから、現像と焼き付けをそこに頼むことはあり得ない。とすれば、やはり森國久らは日本軍の兵舎の中の暗室でそのような作業をおこなったと考えられる。

ではカメラは誰のものであったのか。確かなことは言えないが、広州市に司令部を置く第二十一軍のものであることはほぼ間違いなかろう。そして戦争の記録写真を撮影する任務が、森國久が所属する輜重兵部隊に与えられていたのではないかと思う(3)。撮影された個々の写真の情景から判断して、カメラは作戦地に携行され、作戦の記録に用いられたと同時に、占領地広州市内の警備中にもそれは携行され、平時のスナップ写真が撮られた。また任務を離れた時間帯にも携行され、撮影がおこなわれていたことが撮影された写真の被写体から分かる。

森國久はいつ詩を書いたのか

森國久が詩を書いていたのは、もっぱら日本軍の兵士として中国南部の広東省に派遣された一九三八年から、召集解除を受けて一九四〇年十二月末に日本に帰還するまでのあいだである。ただし、ごく一部のものは日本本土に帰還して間をおかずに書いたと推定されるものもある。とすると詩を書いていたのは二十六歳から二十八歳の頃であり、詩作もその頃のことである。

広州市に駐留する間、大規模な作戦や短期の「治安戦」[4]を除けば、森國久は広東市街地の警備という任務に従事した。普通は、昼間の任務の時間を除けば夜は自分だけの時間を確保できた。おそらく伍長（ごちょう）から軍曹（ぐんそう）に昇進してからと思われるが、森國久には木製の机と椅子を備えた個室があてがわれた。彼はそこで机に向かって妻への手紙を書いたり、本を読んだり、写真の整理をしたり、詩を書いたりしていたのである。

いかなる機縁（きえん）で詩を書いたのか

それにしても森國久は、詩といかなる縁があって詩を書いたのか、あるいは詩を書こうという気持ちになったのか。のちに単行本となった、あの徐州（じょしゅう）作戦を描いた火野葦平（ひのあしへい）の「麦と兵隊」が雑誌『改造』[5]に連載された頃に森國久は入隊した。彼がこの雑誌を購読していたことについては第3章においても言及するが、この雑誌には経済・政治・社会の幅広い分野の専門家が論評記事を寄稿し、他方では当時の名だたる作家、詩人、歌人たちが寄稿した。したがってこの雑誌は当時の代表的な総合月刊誌で、全国に多数の購読者をもち、当時としては内容水準の高い有数の雑誌であった。

広州市内の兵舎では森國久の個室の机上にこの雑誌が置かれていたので、かりに月遅れで妻から彼の手元に届けられていたとしても、毎号の雑誌に掲載される詩人たちの詩に日ごろ親しんでいた姿が想像される。若い國久が詩人たちから刺激を受け、自然と詩作に興味を抱き、自らも試みのつもりで詩のことばを紡ぎ出していたと考えても案外的外れではないように思われる。

詩の内容

ここに掲載する詩は多かれ少なかれ直接間接に戦争に関わるものばかりである。一九二八年の張作霖爆殺事件や一九三一年の柳条湖事件を経て一九三七年七月七日に起こった盧溝橋事件を境にして日本と中国が本格的な日中全面戦争に突入し、おもに日米が戦った太平洋戦争の最終段階、つまり一九四五年八月の原爆投下による日本の敗戦に至る、あの長い戦争について生き証人となり得る人びとはきわめて少なくなった。歴史教科書の説明や数枚の写真だけでは戦争や戦場について具体的なイメージを持つことはそう簡単なことではない。筆者自身も、もとはと言えばそのような人間の一人である。戦争を知らない世代の一人である。けれども写真と付き合わせながら森國久の詩を読むと、時代と場所の隔たりを超えて、言葉のリアルは読者の意識を、心を揺さぶり始めるだろう。

そこには、戦場で生死と苦楽を共にする馬への愛情、異民族である中国人の子どもへの優しいまなざし、生死と苦楽を共にしてきた戦友の死に対する哀悼の情、戦地を往還し武器、弾薬、食糧の運搬に耐えてくれた荷車の轍への思い等々が告白されている。いずれを読み返しても、そこには、不条理な時代を否応なく生きざるを得なかった一兵士の運命を突きぬける希望の光の点滅を、暗闇の中に見つけだす趣がある。

第2章　森國久の《写真詩》

はじめに

本章では十数編の《写真詩》を提示し、それに筆者の解説をつけるという体裁で記述を進めたい。ただしその際、写真詩を提示する順序は必ずしもそれが書かれた年月日の順序にはしたがっていない。

筆者による解説は、写真詩のなかで森國久が用いている語句についての補足説明、写真詩の時代背景、筆者による解釈や理解の仕方などが織りまぜられた内容となっている。記述の型をあえて一つに決めなかったので、それぞれが独立のエッセー風である。森國久は詩のなかで方言も用いているので、その意味も説明した。また今となってはずいぶん古びた字句も散見されたので、それも理解しやすいように解説で適宜言い換えをしたり、説明を補足して理解の助けとなるように心がけた。

写真詩においては写真は重要な要素である。写真に写り込んでいる画像が持つ意味を、詩の内容とつなぎながら解説を試みた。写真は、一方では事実を伝えるメディアであるが、同時に他方では、それ自体がシンボル（象徴）であり、ある意味をこちらに向けて発信してくる〈はたらき〉を持っている。つまりたとえ一枚の写真でも、写真という画像に写り込んでいる画像全体、あるいはその部分を通して、写真を眺める人間に対して「これはどういう意味だろう」と問いかけ、画像の意味の解釈ないし解読をこちらに求めているということである。筆者はそう理解しながら写真詩の解説に取り組んだ。

写真詩の意味を解読するには、画像と言葉の文脈―歴史的・社会的文脈―を抜きにしては不可能だろう。そう考えて筆者は入手し得た日中戦争関係の文献資料の助けを借りてその解読に挑んだ。ただし、それがあまりに詳細に入り込むと写真詩の印象そのものが薄れてしまうことを恐れて、ある限度内におさめ、詳細は本書の『第Ⅱ部　戦争との距離―華南の大地で』にゆずることにした。

1　ボブラと兵隊

ボブラと兵隊

春日ボブラの如く
ならんだ?
一山十銭のボブラです
さあ買ひなはり

森國久と輜重兵小隊。1940年の夏頃、広州の兵舎の外で

このボブラボブラが兵隊なのだ
この兵隊の半分が
私の部下である
ということは私自身
及びもつかない高いもので
しかも貴いものである

一体それは何だろう
それは軍隊という
厳粛なる存在である

ボブラと兵隊

まず一枚目の写真をじっくりご覧いただきたい。すっかりセピア色に変色した一枚の集合写真である。兵舎か日本軍司令部の入ったレンガ作りの建物の前で撮影されたものである。ざっと数えても、およそ百人の兵士がこの一枚に収まっている。八十年近くの歳月を経ても、兵士一人一人の顔の輪郭(りんかく)も目鼻の輪郭も明瞭である。さすが白黒の銀塩(ぎんえん)写真の堅牢(けんろう)ぶりが証明できる一枚である。当時の写真は、フィルムの表面に塗布してあるハロゲン化銀が光に反応して黒化し、光を通しにくくなる性質を利用したモノクロフィルムを用いていたのである。

この写真は森國久が所属していた輜重兵（しちょうへい）第六大隊の、さらに枝分かれした部隊の兵員の集合写真だ。森國久ともう一人別の軍曹の二人が、それぞれの部下たちとこの一枚の写真に収まっている。前から二列目の、右から数えて八人目が森國久である。アルバムに貼り付けられた状態では、この写真の下に散文とも詩ともつかない文字が添えられているのだが、「ボブラと兵隊」という題が添えられているので、彼は詩作を意識していたのかもしれない。

「春日（かすが）ボブラ」（正確な方言表記は「春日ボウブラ」）の「春日」とは熊本市春日町（現在の西区春日）のことで、ボウブラとは熊本方言でカボチャのことである。春日ボウブラは病気に強く、実つきがよい半面、味は大味（おおあじ）のカボチャである。そのぶん値段は安かった。現在のJR熊本駅近くの春日地区で、かつてはよく栽培されていたので、「春日ボウブラ」という呼び名がつけられた。

森國久は大勢の兵隊を、店先にならべられたカボチャの「春日ボウブラ」になぞらえているのである。総勢百人くらいの兵が写真に収まっているが、およそ半数の兵士が森軍曹の部下だ。そして残り半分は彼の同輩（どうはい）である別の軍曹の部下である。

「お国のために戦っている兵隊をボウブラ呼ばわりするとは何事だ！」と、当時ならどこからか怒声が飛んできて、厳しい非難のことばを浴びせられかねない國久の発言であるが、アルバムの中身まで検査はなかったのだろう。お咎（とが）めはなかった。「ボウブラ」と「軍隊という厳粛（げんしゅく）な存在」との対比（たいひ）が妙（みょう）であり、日中戦争中の一人一人の兵隊がボウブラほどの価値しか認められていなかったということを彼は暗にほのめかしているのかもしれない。とすればここには森國久の、軍の権威についてのある種の皮肉が込められているのかもしれない。兵役中とはいえ、本来ならそのような発言を取り締まる側にいるはずの警察官である國久の本心が、非常に微妙な言い回しを用いて婉曲に吐露されているような気がする。

「この兵隊の半分が
私の部下である
ということは私自身
及びもつかない高いもので
しかも貴いものである」

というくだりの意味を理解するにあたって、國久が百パーセント本気で己のことを「高い」とか「貴い」と自負している、という早合点は避けたい。彼は己のことを他者の視点から見ることができない人間ではないので、この表現はある意味において、軍隊という没個性的な組織の特性を冷静に観察し、そのありのままを婉曲に表現したものである。と同時に他方において、この兵隊の半分、つまり五十人が自分の部下であるということは、軍曹である自分自身もたかだか五十個分のカボチャをつなぐ一本のツルに過ぎないということを彼は逆説的に表現したかったのかもしれない。

2 潮水遡行（ちょうすいそこう）

潮水遡行

何度も何度も
鉄帽をかむれ、と言っても
兵隊はかむろうとはしなかった

空（から）元気のためではなかった
烈々たる入日の太陽は
五分と鉄帽をかむることを許さないのだ

突然、突然だった
エンジンの音を遮るようにして
不気味な機銃の音が……

先頭の船に赤旗が掲げられた
戦闘だ……

汕頭・潮州攻略戦において潮水攻略をめざす輜重兵の舟艇。中国の広東省の東部で展開された汕頭・潮州攻略戦の一光景

たちまちエンジンの音は
チェコの叫びに消された
あー隊長が……、吉田中尉が……
徳田軍曹が……、三原上等兵が……

白原軍曹は不動山の如く山の如く
（潮水遡行、隊長を失う）

潮水遡行

「潮水遡行」と題するこの詩は、日本軍が中国の広東省の東部、台湾海峡に面した中国国民党軍の戦略的拠点であった汕頭（すわとう）と潮州（ちょうしゅう）を日本軍が攻略したときの様子を詠（よ）んだものである。

汕頭は、日本の国土の基準でいうなら大河に相当する韓江（かんこう）と榕江（ようこう）という二大河川が形づくる三角州地帯に形成された大都市である。汕頭港は一八五六年に広東省広州で起こったアロー号事件をきっかけとするアロー戦争の停戦後、清朝とイギリス・フランス・ロシア帝国・アメリカ合衆国の四ヶ国との間で結ばれた天津（てんしん）条約において、清朝中国が開港を約束させられた十港のうちの一つである。

他方、潮州は韓江と榕江が形成したデルタの一角にあり、汕頭の上流にある都市である。この作戦の最終の攻略目標である潮州は、両大河のうちの韓江の流れが台湾海峡の南端に向かって山岳地帯から流れ下ってきて平野部に出たところに展開する都市である。つまり両者は同じ三角州にある都市であるが、汕頭は沿岸部に、潮州は内陸部にあって互いに隣りあう都市である。

当時、英仏を中心とする西洋諸国は大陸における日本軍の軍事的拡大を牽制するため、陸路と海路を利用して、蔣介石が率いる中国国民党軍に軍需物資を補給していたので、攻略戦を有利に展開したい日本軍はこれを阻止する必要に迫られていたのである。

日本軍は近い将来のインドシナ半島での南進をにらみ、かつ華南支配の安定化のために、要衝の港湾都市であるこの両地域を陸軍と海軍の協同作戦によって攻略し、制圧しようとしたのである。ただし、より直接的なねらいは、この二都市から内陸部に通じる援蔣ルートを利用した軍需物資の補給を断つこと―海軍の視点からいえば「海上封鎖」―であった。この作戦は日本軍側では「汕頭・潮州攻略戦」と名付けられた。

森國久は一九三九年六月半ば、この「汕頭・潮州攻略戦」に参加するために駐屯地の広州から船で広東省東部の汕頭方面に向かった。この作戦に参加した森國久はまだ二十六歳。部下をもつ輜重兵伍長であった。


それでは次に写真と詩の中身に立ち入ることにしたい。

第四連目に「チェコ」という文字が見えるので、これからまず説明しておこう。これはチェコで開発された連射式の「チェコ銃」のことである。折りたたみ式の一本脚の指示棒を備えた携行便利な軽機関銃で、日中戦争では欧米からの援助武器として蔣介石軍向けに大量供与された。

前線の戦闘部隊が汕頭に上陸したとき、すでに中国国民党軍は一時退避の戦術をとり、大都市汕頭は閑散とした状態であった。そういうわけで後尾の森國久らが所属する輜重兵部隊も意外とたやすく汕頭の港に上陸することができたのである。

　写真では遠方に陸地―韓江の左岸―が見える。アルバムには「潮水遡行」とメモ書きされているので、突然の出来事は、森國久の所属する渡河材料大隊の兵員を乗せた船が船団を組んで汕頭の市街地にめぐらされた水路から韓江に出て、そこからさらに潮州に向かって韓江をさかのぼる途中で発生した。

　北岸の茂みの中で待ち構えていた中国国民党軍の狙撃兵たちが、突然、軽機関銃の引き金を一斉に引いたのである。それはいわば待ち伏せのゲリラ攻撃であった。不意を突かれた日本軍の船に赤旗が掲げられたのは、味方の兵士たちに緊急事態を知らせる合図だ。潮州市街地の水路を移動した際の人気のない「静けさ」が何を意味していたかがここで明らかとなる。

　不意打ちを食らった一団では隊長の中尉が撃たれ、軍曹も上等兵も撃たれた。一人の軍曹は「不動山のごとく　山のごとく」とその光景が描かれているので、撃たれた瞬間は仁王立ちになった状態で、その後船底に崩れ落ちたのだろう。

　詩の二連目に「烈々たる入日の太陽は　五分と鉄帽をかむることを許さないのだ」とあるように、北回帰線が通るこのあたりでは夏至を過ぎても太陽は高い角度から頭を焦がす。入り日の太陽となると横から黒く焼けた頬をさらに焦がす。台湾の高雄市とほぼ同緯度である汕頭は気候的には亜熱帯域に属し、六月の日中の気温は三十度を超える。暑さに耐えられずに兵士は鉄兜を脱いでしまったところを狙い撃ちされたのである。國久の属する輜重兵第六連隊の渡河材料中隊の一団は、このとき隊長をはじめ貴重な兵員を失った。

当時の緊迫した状況が、この詩のなかで臨場感あふれる表現で描かれている。筆者自身、まるでその戦場に自分がいるかのような戦慄を覚えた。皆が「お国のため」とはいうものの、戦争というものは無慈悲なものだ。妻子が日本本土で彼の帰りを待っているだろうに、後日、妻が受け取るのは一片んの死亡通知のみ。

このように汕頭・潮州攻略戦は輜重兵部隊においても死者を出したのであるが、なんとか汕頭の先の潮州にたどり着いた。到着前に兵力で勝る日本軍部隊が潮州を攻略し制圧したところで作戦は完了し、汕頭と潮州を日本軍の支配下に置くというねらいをもつこの作戦は所期の目的を一応達成した。そして守備隊を現地に残し、森國久らは汕頭市街の警備をしばらくした後、他の警備兵を残して広州に帰還すべく八月七日に汕頭を出発した。そして香港を右方向に眺めながら珠江を遡上して八月九日、日本軍が占領する広東省内の基幹軍港である黄埔港に帰還した。まる二日間を費やしたことになる。

3

戦争は憎しみと愛のカクテル

戦争は憎しみと愛のカクテル

この靴鋲の下が広東だ
人のいない広東
太陽ばかりが居座っていた広東

炎々と天に立つ火の柱の広東で
私は二人の親なし子を拾った
おどおどとしたこの少年二人も
人の心の暖かみは知っていた

戦争は憎しみと愛のカクテルだ
私たちは私たち自身
二人の少年により
暖かみを省みるのを知った

森國久らが保護した中国人の子ども。後列右から2人目が森國久

汕頭作戦から
三ヶ月ぶりに還った時
二人の少年の姿を見なかった

私たちは落とし物をしたときのような
変な気持ちで……
矢張り少年の幸せを
祈るのだった
無意識に

戦争は憎しみと愛のカクテル

國久のアルバムをめくっていると、そのあるページに「小輩(しょうはい)と共に」とメモ書きされた写真が見つかった。セピア色に変色している。古ぼけてはいるが味のある写真である。

実はこれは汕頭(すわとう)・潮州(ちょうしゅう)攻略戦の任を解かれて汕頭から広州に帰還した二ヶ月前、すなわち一九三九年の五月末か六月初旬頃に広州市内で撮影されたものである。この写真には、二人の少年が前列に配されていて、よく見ると少年の一人は裸足だ。もう一人は靴を履いている。二人とも安心したような表情を浮かべている。そして少年たちを囲むように、その背後に四人の日本兵が笑顔で写真に収まっている。四人の日本兵のうち後列の右から二人目が森國久である。

メモ書きにある「小輩（しょうはい）」という語は、もともと「身分の卑しい人」とか「つまらない人物」を意味するので、この文脈にはそぐわない。子どもを意味する「小人」というべきところを森國久が誤用（ごよう）したのであろう。

写真に添えられた元の説明文は詩といってよいような形式とリズムで書かれている。その原文を筆者の手で詩型に整えたものがこれである。

この写真の下に書き込まれたもとの説明を、筆者の判断で区切りを変えたり段落を変えたりして編集を試みた。もとの文字列を五連に区切ってみた。すると詩の形が浮かび上がってきたのである。旧表記の漢字と仮名は筆者の判断で思いきり現代表記に変えた。前述のような理由で、詩の題名は「小輩と共に」とせずに、筆者の判断でこの詩の主題を端的に表現すると思われる「憎しみと愛のカクテル」とした。

「広東」という地名がこの詩には四回登場するが、「広州」というべきところを勘違いして森國久は「広東」と表現している。広東は省の名称であって、日本軍が占領し比較的安定した治安を維持しえていたのは、広東省内の広州市とその周辺の限られた地域であった。

まず第一連を味わってみたい。

広辞苑を引くと「靴紐（くつひも）」や「靴下」、あるいは「靴の鋲」という表現はあるが、一語で「靴鋲（くつびょう）」という言い方はどこにも見あたらない。今日では死語なのだろう。靴は軍人が履く戦闘用の革製の軍靴のことである。軍靴の靴底には摩耗を防ぐための鉄製の鋲（頭の大きい釘）が打たれていた。「立っているところが広東だ」とは表現しないで、「この靴鋲の下が広東だ」という表現が韻文的だ。「人のいない広東」の「広東」とは省の名称で、省都の「広州」と呼ぶべきところを、当時の日本では広東と混同され、森國久も同じく混同していたのである。それはそうとして「人のいない広東」とはいかなる意味だろうか。何万という日本軍の兵士はいるはずなのに、なぜこのような表現が出てくるのか。広州市街地で警備に当たる多数の日本軍兵士も人である。であるのに「人がいない」とは。森國久がここでいう「人」とは日本軍が占領する前にここで暮らしていた中国人たちのことである、と解釈すればつじつまが合う。

広州の市街地の住民の多くは占領と同時に、ひとまず日本軍の支配が及ばない周辺の山岳・丘陵地帯に避難したと考えられる。だが、それが広州市民のすべてではないことが、当時の広州に入り民衆の日常生活を撮っていた写真家吉田謙吉がドイツ製の名機ライカで撮った広州市街地の住民生活の写真から推察される。後年に、彼が撮った写真を編集し解説したのが塩澤珠江の『吉田謙吉が撮った戦前の東アジア―1934年満洲／1939年南支・朝鮮南部』である。[6] それによれば、「蛋民」（たんみん）と呼ばれる水上生活者が生活し、彼らの子弟のために開設された学校があり、クーニャンが給仕をする「南国酒家」や日本料理店が営業されていて、しかもその従業員が中国人らしい。また商人が食物と道具類を扱う市場が営業され、買い物客で賑わっている。吉田謙吉は一九三九年の広州の民衆の日常生活の様子をこのようにカメラとスケッチで記録したのである。そこには広州の民衆がいて日常生活を営む姿が確かにあったのである。

以上に述べたところが現実なのに、森國久はなぜ「人のいない広東（広州）」と表現したのだろうか。私が推測するには、広州の住民のうち中国国民党軍の兵士や物資輸送要員となり得る男性たちの大半と兵士のための食糧生産に従事し得る女性とが、抗日戦の要員として、日本軍の進駐前にその支配が及ばない周辺の山岳・丘陵地帯や盆地・支流河川流域の農山村地帯に避難したのではないかと思うのである。とすれば、広州市街地が大都市の景観を示すわりには人影が非常に少ないという印象を森國久が受けたことに納得できる。軍服をまとっていない吉田謙吉の前では、広州の民衆もあまり警戒心を持たずに日常の姿をさらしたのだろう。反対に考えれば、軍服を身にまとった警備の日本軍兵士からは広州の中国人は遠ざかり、姿を隠したとしてもおかしくはない。こういう事情も「人のいない広東（広州）」という表現の背景事情として横たわっていると考える次第である。

第二連の「私は二人の親なし子を拾った」という字句からは、どのような背景が推察されるであろうか。

「親なし子」は、日本軍による前年一九三八年十月の広東攻略戦の際に戦争孤児となってしまったか、親と一緒に避難する途中で親からはぐれてしまった迷い子かであろう。後者だとすれば親たちは避難してしまって広州市街地にはいないのである。森國久らが彼らを「拾った」、そして一緒に写真に収まったのは一九三九年の六月初旬、つまり六月十三日から広東東部で展開される汕頭・潮州攻略戦の前であった。とすると約九ヶ月のあいだ親子間で生死も行方も分からず、二人の少年は広州市街で、ホームレスのように食うや食わずの日々を送りながらさまよい続けていたことになる。

「太陽ばかりが居座っていた広東（広州）」という表現はどうだろうか。隠喩（いんゆ）的・詩的な表現だ。「居座る」の主語が「太陽」なので、擬人法が用いられている。亜熱帯地域の、しかも真夏である八月の太陽は、日本では想像もできないくらい高い角度から頭上に容赦なく照りつける。やっかいな存在なのである。

第二連。「炎々と天に立つ火の柱の広東（広州）」という表現でも、広州の真夏の暑さが並のものではないことが詩的に表現されている。広州の市街そのものが灼熱の火の柱だと表現されているのである。それほどの灼熱地獄の広州市街で警備に当たっていた森國久らは、さまよう「親なし子」を保護したのである。写真から推し量ると十歳か十一歳くらいの少年である。はじめは「おどおどと」していた少年たちも日本軍兵士から優しい言葉をかけられ、いたわられ、親切にされて、しかるべき場所に保護されたのであろう。

汕頭・潮州攻略戦から再び広州に戻ったときに、國久はこの写真の説明を書き込んだらしい。というのは写真には二人の少年の姿が写っていて、広州に戻ってみるとその二人の少年の姿を見なかった、と書いているのであるから。

「三ヶ月ぶりに還った時」と書かれているが、実際は二ヶ月足らずぶりに還ったのであり、彼の思い違いと思われる。この攻略戦から帰還し、広州の警備の任務に就いていたあいだ、おそらく八月中に、國久は兵舎で自分一人の時間ができたとき、アルバムにこの写真を貼り、その写真を眺めては、親なし子の少年二人の行方を案じ、余白にペンを走らせたに違いない。それから八十年以上も経過した今日でも、この写真を眺め何度も詩を読み返してみると、そのような森國久の姿が浮かび上がってくる。その時の國久の思いを暗示するような詩である。

日中戦争が何であったか。そのとき國久はどう考えたのだろうか。国家対国家の戦争のなかで個人の運命が翻弄(ほんろう)される。それぞれの国家の一員として、互いに憎しみを持つように教育された国民も、個人のレベルでは憎しみあう必要などありはしない、必然性などありはしない。このときの國久はそう感じていたかもしれない。そこには日本人であれ、中国人であれ、子どもの心には国境はないはずだ。そのような大らかな存在への愛しい感情が吐露されているのがこの詩であると想いたい。

4　中山(ちゅうざん)記念碑の頂(いただき)に

中山記念碑の頂に

中山記念堂の頂に
或る日戦友の姿を見た

広東を見ずして
花と散りし
戦友の面影を見た

その姿は、その面影は

中山記念碑と戦友の面影。1925年3月に病没した中国革命の父と言われる孫文の偉業を記念して数年後に建てられたのが中山記念碑

高く、崇々しく
明るかった

中山記念碑の頂に

戦争というものは来る日も来る日も兵士が敵味方に分かれて戦っているのではない。作戦が終了すれば警備の仕事に就いたり、ゆっくり休息する時間をとったりすることもある。次に紹介する詩は、森國久が広州市内の警備の任務に就いているあいだの経験をもとに書かれたものだ。

広東省の省都である広州市越秀公園には、中国解放運動の指導者である孫文ゆかりの中山記念碑がある。同じ市内の別の場所には「中山記念堂」（一九三一年建立）が建つ。名称がまぎらわしいが写真の被写体になっているのは記念碑の方であり、それを間違って記念堂と記したので、筆者の判断で詩の表題は「中山記念碑」とした。ちなみに中山記念碑は孫文が広東省の出身で、しかも彼が主導した辛亥革命の拠点がこの広州市であった関係で、彼が亡くなってから六年後に完成した。中山記念碑と中山記念堂はいずれも孫文を記念する今なお重要な建築物である。

ある日、國久はこの中山記念碑の下に立ち、天に向かうかのような記念碑の頂に戦死した戦友の幻を見た。その幻の中に崇高な戦友の姿を見た森國久は、この記念碑が建てられた意味を知っていたに違いないと思われる。彼はその時の感懐を短い詩で表現したのであった。

二連目に、「戦友の面影を見た」と記しているが、いずこの戦闘で失った戦友の面影かは筆者には分からない。台湾の淡水での戦闘なのか、広東省東部の汕頭や潮州での戦闘なのか、あるいは広州北方の山中で展開された翁英作戦での戦闘なのか。輜重兵は前線部隊ではなく補給部隊に属していたとはいえ、補給部隊であるがゆえに敵から狙われることもある。苦楽を共にした戦友は兄弟以上の強い絆で結ばれることも少なくない。「中山記念碑の頂に」はそのような戦友の死を悼む詩である。

「広東を見ずして」とあるが、これは「再び広東を見ずして」の意味である。國久の属する部隊は、広州を拠点にして省内各地の作戦に参加していたのであるから、作戦が終了すれば再び広州に戻るのである。國久の戦友は戦場で「花と散」ってしまった。作戦が終了すれば共に広州に戻ることができると信じていたのに、それがかなわなかったのだ。國久の無念さがにじむ。

その戦友の面影を、中国革命の父と呼ばれる孫文（一八六六～一九二五年）を讃える中山記念碑の頂に、幻の面影として見たということは、どのような意味を持つのだろうか。孫文は中国の封建体制を倒し、アジアで初めての共和制国家の樹立を目指した辛亥革命の指導者である。秋山定輔が起業した新聞社、「二六新報」の記者となった國久は、同じ熊本県出身の宮崎滔天（一八七一～一九二二年）の著作を通して孫文のことを知っていたに違いないと思う。

というのも、一九〇二年に「二六新報」に百二十三回にわたり連載された「鉄雄」という人物を主人公とする宮崎滔天の小説「三十三年の夢」が後に単行本として出版されて爆発的な売れ行きを示し、さらに一九二六年に、吉野作造が校訂して他社から復刊されたという経緯があるからだ。孫文より五歳年下の宮崎滔天は横浜で孫文と出会い、その思想に共鳴して、清朝打倒と共和制国家の樹立を目指す孫文の運動を支援する活動に後半生を捧げた熊本人であることは言うまでもない。彼は日本における孫文ともっとも親しい、もっとも孫文が信頼を寄せる友人であった[7]。

　他方、森國久は『三十三年の夢』が復刻されて五年後の一九三〇年に、当時人気の大衆紙「二六新報」に入社した。そして兵役に就くまでの、十八歳、十九歳の多感な青年期の二年余りをこの新聞社の記者として朝鮮のソウルで過ごしたので、読書家の森國久なら『三十三年の夢』を読み、それを通して孫文が何者であるかを知っていた可能性は十分ある。孫文は抗日戦争を戦うため第一次国共合作を実現するため力を尽くしたが、革命の道半ばにして一九二五年三月、北京で病没した。彼の追悼会は東京でも催され、それには犬養毅や後藤新平らも列席した、と伝えられている。

　それから八年ばかりが経過した、おそらく一九三九年頃のことであろう。國久は中国革命の道半ばにしてたおれた孫文を讃える中山記念碑を見上げている。そこで彼が孫文に対してどのようなイメージを持っていたかは、書き残したものがないので定かではないが、中山記念碑の頂を見上げる行為はただの物見遊山の行為とは思われない。孫文に対する崇敬の念が感じ取れるのである。もしそうだとすれば、反面、孫文の後継者たちが進める自主自立の共和制国家への道の途上に立ちはだかり、抗日戦を抑え込み、共和政国家の実現を阻む日本軍の一兵士としての役割を担わされるというのは、たとえ日本の「国益」のためとはいえ、森國久にとって皮肉な巡り合わせというほかない。

　中山記念碑の頂に國久が見た亡き友の面影は「高く崇々しく」と表現されているが、その幻影は、要するに「崇高で」しかも「明るかった」と彼に言わしめている。その面影の崇高さは孫文のそれと重なり合うと感じられたのだろうか。それは推し量りがたいことではあるが、戦争の、あるいは戦場の「暗」の側面は「明」の側面によって癒やされ、心の平衡が保たれるのかもしれない。真意は測りかねる詩の表現であるが、直接的な表現を避けなければならない状況下での詩作であるから、それもやむを得なかったのであろう。

それはともかく、インドをはじめ、欧州列強の植民地とされたアジアの諸民族、あるいは植民地同然の扱いを受けるアジアの諸民族の苦悶と苦闘が長く続いていた。民族の解放と独立を日本が助ける、というのが日中戦争の正当化のために次々と繰り出された日本の大義名分であった。確かにそのような一面はあった。だから清朝を倒して真の独立を勝ち取り共和政治を実現するという志を抱く孫文を、犬養をはじめ日本の一部の政治家たちは一時期支援しようとしたのである。

ところがしばしば事後的にではあれ、物事は常に全体を俯瞰したときはじめて正確な評価が可能になるのではないか。ある時点まで孫文を支援していた日本が、日中戦争下で占領地を増やす事業と前後してアジアの天然資源について詳細な調査を行っていた。満州に駐留する関東軍の参謀であった石原莞爾ほど明言しなくとも、満鉄が行っていた資源調査の真の意図は一体何であったのか。立ち止まって腕組みし、考えこまざるを得ない。

中山記念碑の尖塔を見上げる森國久はおそらく孫文に共感し彼を尊敬していたであろうと想像する。だが、孫文没後に行われた日本政府の手によるこのような資源調査の真の意図を彼は知るには及ばなかったであろう。森國久を含めて、大半の一般国民大衆にしてみれば、日本の支配エリートたちが水面下で推し進めていた戦争計画の真の意図を透かし見ることなどほとんど無理であった。

いったい戦争とは何なのか。軍事学の古典的名著『戦争論』の著者でナポレオン時代のドイツの軍人、クラウゼヴィッツは断言する。「人間間の闘争にはそもそも二つの異なった要素が存在する。つまり敵対感情と敵対意図とがそれである。われわれはこの二者のうち後者つまり敵対意図の方を、前者つまり敵対感情よりも一般的であるという理由で戦争の定義にとりあげてきた。たとえいかに粗野な本能的増悪感といえども、敵対的意図なくしては相闘うには至らない」[8]。

他国の領土内の天然資源に着目し、それを武力（暴力）によって奪おうという意志は敵対意図である。この意図を実現する手段の一つがあの綿密な資源調査であった。そこには敵対意図をもつ集団の（計算的）理性が多分に働いている。その意図を阻止しようとする相手側も敵対意図を持ち、奪われないためにはどうすればよいかとあれこれ考量する（計算的）理性が働いている。日中戦争もまた然り。そして敵対意図をもつ集団がぶつかり合う。ただしぶつかり合うエネルギーそのものは敵対感情によってはじめて補給される。二十世紀の戦争で顕著になったことを知るように、近代以降においては指導者の演説に劣らずメディアも敵対感情の扇動に一役買う。国民国家の時代においては武器とそれを駆使する兵員が敵対意図の遂行手段である。戦争の第一線では武器を持った兵員同士が敵味方に分かれてぶつかり合う。これが戦争である。そこでクラウゼヴィッツは断定する。

「戦争とは暴力行為のことであって、その暴力の行使には限度のあろうはずがない。一方が暴力を行使すれば他方も暴力でもって抵抗せざるを得ず、かくて両者の間に生ずる相互作用は概念上どうしても無制限なものにならざるを得ない、と。これが戦争についてわれわれの直面する第一の相互作用であり、また第一の無制限性というものである」[9]。武器を持ってぶつかり合えば、おのずと敵対感情はらせん状に上に向かって増幅される。

この無制限性の行き着く先に一方の勝利の陶酔と他方の敗北の悲嘆が、そして言うまでもなく多大なモノと生命の蕩尽が、人類の歴史のなかの戦争では毎回発見されるのである。それが戦争というものだ。

5　征く道

征く道

寸断されたこの道が
私たちの征く道だ

よくも掘ったこの道
朝も昼も夜も

そして幾日と
休むひまなく征った道
船をカツイデ征った道

翁英作戦での行軍。1939年12月から翌年の1月9日まで展開された作戦

思へば戦いの道
愛（いと）おしい道

征く道

ミチにもいろいろなミチがある。ミチを「道」と書けばそれは人や車が通るミチであるが、他方、人が守り行うべき倫理的・道徳的な響きをもつ「道」でもある。ミチを「路」と書けばそれは路上、路人、路地、路標など多種多様な熟語の用例が示すように人間くさい「路」だ。径は細道や小道のイメージだ。人がそれぞれ通いなれた思い出のミチ。遠方から友が我を訪ねるためにたどってきたミチ、はたまた肉親や友が別れを告げて遠ざかっていくミチ。

李白の詩の一連を思い浮かべる。「此地一為別、孤蓬万里征」（この地ひとたび別れをなし、孤蓬は万里に征く）。別離の哀しみ、寂しさを吟じた詩である。この地でひとたび別れを告げると、親愛なる君は一本の蓬（よもぎ）草が風に吹かれて石ころミチの上を転がり遠ざかっていくように、万里のかなたへ旅立っていく、の意味である。ミチは字面には出ていないが、「万里征」という三文字の裏にミチが表現されている。

ミチのことをあれこれ連想していると、イタリアの巨匠、フェデリコ・フェリーニ監督の『道』という映画を思い出してしまう。一九五四年に制作されたこの映画はジェルソミーナという名の知的障害の女性が粗暴な旅芸人の親方に連れられて旅をするが、この「旅」そのものが「道」という言葉で表現されている。と同時に、親方のもとを逃げ出すがまた連れ戻され失意の底にあったジェルソミーナが、たまたま合流することになったサーカス団の青年と出会い、生きる決意をする波乱に満ちた生涯が「道」という言葉で暗示されている。旅芸人の悲哀をフェリーニ監督は人間愛を込めて描きあげた。

さて、前置きの話はこれくらいにして本題に入ろう。森國久が整理したアルバムから一枚の写真をとりあげ冒頭に掲げたが、もとのアルバムではその下に「寸断されたこの道」で始まる一編の「詩」が添えられていた。森國久は、一九三九年十二月十六日から翌年の一月九日までの冬期に展開された翁英作戦に輜重兵として参加した。参加した期間はおよそ三週間という比較的短い期間であったけれども、後に彼はこの戦いのための行軍が最も苦しかった、と振り返っている。そのときの経験をもとに作られたのがこの詩である。筆者はそれに「征く道」という題をつけた。

翁英という呼称は「翁源」と「英徳」という、二つの地名の頭文字を合わせたものである。翁源は広州の北東方向にあり、広州中心部から直線距離にして約百六十キロメートルの地点である。英徳は広州の北方にあり、広州中心部から直線距離にして約百十キロメートルに位置する交通の要衝である。二つは互いにほぼ東西に向き合い、たくさんの分水嶺から幾筋もの谷川が流れ出す東西方向に長大な南嶺山脈の南部に位置する。

さて、この作戦での輜重兵の主な任務は武器弾薬と食糧の輸送であった。けれどもこの任務以外にも行わなければならない仕事があった。それは何か。敵が一時撤退するとき、ふつう道路を爆破しながら撤退するので、そのままでは輸送がままならない。そのようなときには昼夜を問わず「寸断された道」の突貫補修工事にも従事したのである。それにとどまらず、場合によっては新たな道も造った。
彼が属する「渡河材料隊」では、いくつもの河川を渡りながら輸送任務に従事するので船が欠かせない。当時の船は分厚い部材を組み立てた木造船である。持ち運びの際、木造船は簡単に分解してまた組み立てるというわけにはいかない。だから、兵士たちはその船を担いで陸路を征く。その重労働は想像を絶する。この詩に登場する「船をカツイデ征った道」という表現は、嘘のような話であるが実は文字通り「船を担いだ」のである。

冒頭に「寸断されたこの道」とあるが、これはどういうことだろうか。元々は一続きの切れ目のない道である。それが何者かによって寸断されたのだろうか。華南では日本軍は中国国民党軍と繰り返し戦った。押したり押されたりの戦いである。日本軍部隊が優勢になったとき、敵勢は退却時に少しでも余裕があれば、道路を爆破しながら退却していく。退却する側はそのように追っ手の進軍を妨害しながら退却するのである。その様子が「寸断されたこの道」で表現されている。それは立場が入れ替わっても同様だ。退却側が道を寸断しながら待避・退却するのである。

次に、「よくも掘ったこの道」とあるが、これはどう理解すればよいのだろうか。歩兵部隊は背嚢(軍人が背負う方形のカバン)、機銃と弾薬を携行して移動した。移動の必要があれば道のない山野も移動する。これに対し輜重兵部隊は、水や食糧はもちろんのこと、前線の戦闘部隊に武器弾薬などの軍需物資を補給する任務を負っている。駄馬に引かせる荷車にはたくさんの軍需物資を積み込んでいるので、馬にとっても重労働だ。道がなければ荷車を通す道を造る。河川を渡るためはに舟艇が必要なのだが、その舟艇を時には輜重兵が十数人がかりで担いで運ぶのだ。それにも道は欠かすことができない。敵は退却時に追撃されにくいように道を破壊しながら進む。追撃側は破壊された道を掘りかえし、補修しながら前進する。すべてが道にかかっている。

大規模作戦時のように道路工事は、陸軍の兵科の一つである工兵部隊の主な任務であったが、この詩に登場するように、場合によっては輜重兵部隊の兵員が工兵のように道を掘って新たに道を造り、あるいは手榴弾などで爆破された道を補修して前線に向かって前進することもあった。その道は大型の荷車が通る道でなければならない。自分たちで道を造り、造ったばかりのその道を進むのだ。道の補修と敷設というこの作業は輸送に劣らず重労働であった。汗のしみこんだそのような道は、森國久にとって戦いの道であると同時に、「愛おしい」と感じられる道であったのだ。

汗のしみこんだ「いとおしい道」は、苦楽を共にした戦友と通った往還の道であるべきであった。たとえそれが硝煙に包まれ、硝煙がしみこみ、砲弾が炸裂して血で染まった道であったとしても。戦場で斃れた戦友にとっては、それは往還の道ではなく二度と通らない道となったのである。

6　牛頭嶺を越える

牛頭嶺を越える

山また山

限りなく連なる南支の連峰
今日も一山越した
明日も……

明日は正月元旦だ
ずっと霞んで見える
あの高い山が牛頭嶺
年明けと共に越さねば
サア、行こう

谷底にせせらぎ
馬がその音に
耳を傾けているようだ
水が飲みたいな

（昭和十四年十二月三十日暮）

翁英作戦において山岳地帯を行軍する輜重兵部隊

牛頭嶺を越える

アルバムの同じページにもう一枚の写真が貼られていた。一九三九年十二月三十日、翁英作戦の行軍中に撮影されたものだ。見ると稜線が左右から交差する荒涼とした山地。陽はかなり傾いている。低木が点在するだけの荒涼とした山地の急斜面を雑草が覆う風景が広がっている。食糧、水、武器・弾薬、野営用のテントを携えての厳しい行軍。進む道はアスファルト舗装でもコンクリート舗装でもない土と石ころの道。足を一歩踏み外そうものなら一気に谷底まで転がり落ちる。

ここは亜熱帯。日中は暑く夜は冷え込む。もう長時間、あちこちで寸断された道を補修しつつ歩き続けてきた國久は、歩いてきた道を振り返りぎわ、この風景を一枚の写真に収めた。彼はその周りを文字で埋めた。

この写真に添えられた「牛頭嶺を越える」と題した國久の行軍詩を味わいたい。第二連の「明日は正月元旦だ」という表現には、苦しかった行軍からまもなく解放されるという期待と喜びの感情が込められている。輜重兵部隊は、最後尾の部隊として牛頭嶺を目指していた。その頃、翁英作戦の前線司令官たちは、はるか西方の南寧を守備する日本軍守備隊が、中国国民軍の攻撃の圧力にさらされて非常な窮地に陥っている、との連絡を受けた。そこで守備隊を救うため、翁英作戦を予定より早めに切り上げる決定が軍幹部によって下され、それが最後尾の森國久たちの部隊にも伝えられた。

第三連に注目していただきたい。國久はふと谷底にせせらぎの音を聞く。そのとき行軍の同志とでもいえる軍馬も、同じようにその音に耳を傾けていると彼は感じた。「水が飲みたいな」という表現は森國久の気持ちであると同時に、伴侶としての馬が感じているであろうことを想像した詩人の感性の表現である。この戦場でもそのような感性を失わない森國久という人間の詩魂をここに見出すことができるのではないだろうか。

7　わが愛馬よ

わが愛馬よ

馬よ、ご苦労さん
うんと飲めよ
一山越えて谷に来た
ほっと一息
翁英作戦

わが愛馬よ

森國久は詩やその他の記録のなかで「愛馬」について触れている。軍馬には二種類のものがあり、一方では騎兵用の馬として、また他方では軍需物資を運ぶ馬として使われた。前者の騎兵が乗る馬は情報収集、あるいは戦闘

愛馬に水を飲ませる森國久。1939年12月下旬

用として使役された。他方後者は馬力の大きい駄馬である。重量物でも広い背中の両側に架けて運ぶことができた。もちろん荷車を引くことにも使役され、渡河の際、兵士を乗せてこちらの岸からあちらの岸に渡すのにも使われた。このような駄馬は兵站を担う輜重兵部隊にとって生死と苦楽を共にする大切な伴侶でもあった。敵からチェコ銃で馬の心臓が撃ち抜かれるならば、それは部隊にとって貴重な戦力を失うことであった。しかしそれは戦力を失うことにとどまらない。伴侶を失うことであり、友を失うこともであった。森國久はそのような馬の死をしみじみと悲しんだ。

つねに生死と隣り合わせの前線部隊ではないというものの、兵站部隊には兵站部隊の苦労がある。たくさんの物資を前線に確実かつ安全に届けなければならない。この補給という作業が滞れば歩兵や騎兵などの前線部隊は戦闘能力を失い、命が危険にさらされる。その上、どの作戦にもたどり着かなければならない目標地点がある。目的地まで進むには途中に山あり、谷あり、また川ありだ。川にも幅が狭くて流れが急な川もあれば、広くてかなりの水深の川もある。状況に合わせて渡り方を判断して目的地を目指す。斥候が行く手の敵状・地理などの状況を事前に偵察し捜索するためにも馬は欠かすことができなかった。その情報を随時分析しながら指揮官は部下に指示を出す。地理情報を頼りに兵站部隊がその任務を果たすには軍馬は欠かせない伴侶であった。

軍馬はあるときは武器・弾薬を積んだ木箱をいくつも載せた重い荷車を引いた。また馬車が使えない道のない道をゆくとき、狭くて荷車が通れない道をゆくとき、河を渡るとき、重量物を機動的に運ぶのに馬の助けを借りなければならなかった。

また渡河作戦にはたくさんの馬が必要であった。船も必要である。船は動力船ではなく、艪でこぐ船を使う。すべて人力と馬力で渡りきらねばならない。川の流れが馬の腹を洗うときもあり、時にはかろうじて馬が首から上だけを水面に出して川中を前進する場合さえある。人を乗せ、荷物を載せて馬は河を渡る。陸に上がれば、馬は歩く。船は兵が担ぐ。渡ったところの川原で一息（ひといき）入れる。人も馬もだ。このように馬はなくてならない伴侶なのだ。國久はそういう馬にも声をかけ労をねぎらった。そのような働き者の馬に水を飲ませること、それは彼にとって忘れてはならないことであった。

8　河は呼ぶ

河は呼ぶ

渡河点（とかてん）へ渡河点へ
陸を征（い）く船
山を征く船
兵隊の肩にある船

ひたむきに河は呼ぶ
良口会戦（りょうこうかいせん）

良口会戦での渡河行軍。1940年5月から6月にかけて広州市北方の良口鎮方面で展開された中国国民党軍との会戦。前列中央の馬上の人が森國久

河は呼ぶ

広州市の東北部で展開された良口会戦に臨んで、日本軍は北部の広大な山々から流れ下るたくさんの支流の水を集める流渓水を渡らなければならなかった。日中両軍のこの会戦は一ヶ月に及んだ。写真が示すのは日本軍の輜重兵部隊が流渓水を渡ろうとする場面である。兵員が大量の軍馬にまたがり、こちらの岸から対岸に渡る様子がうかがわれる。

森國久が所属する部隊が良口会戦に参加した時期は、一九四〇年の五月十三日から六月十二日までであるから、広東省ではちょうど雨期ということになるのかもしれない。「雨期だから戦闘するにも大変だ、互いに休戦にしよう」、という話にはならない。気候におかまいなく山稜から容赦なく流れ下る支流を束ねる流渓水を渡り、中国国民党軍と対峙しなければならなかった。川を渡っている最中に狙撃され、銃弾が自分の耳元をかすめていったという森國久の記述がアルバムにあるので、ここでの渡河の最中に小規模な戦闘がおこなわれたのだろう。

敵陣に向けて川を渡り行軍する様子が、「河は呼ぶ」と題したこの短い詩でリアルに詠まれている。詩のなかの「陸を征く船」「山を征く船」「兵隊の肩にある船」という表現から気づかされるのは、戦場に赴くのに兵員が数百キロはあると思われる船を担いで山坂を上り下りしたという点だ。それは筆舌に尽くしがたい重労働であったに違いない。ここでは余談になるかもしれないがこんなことを記しておこう。

森國久は警察官の身分を休職にして兵役に就いたのであるが、軍曹としておよそ五十人ほどの集団の統率を任された。けれどもここで注目しておきたいことは、前科を持つ兵員が少なからずこの集団に組み込まれていたらしいということだ。前科を持つから兵役免除になるということはなく、そのような人間を軍隊組織にどう組み込むかはこの組織の一つの課題であったはずだ。「前科者」が輜重兵の部隊に優先的に組み込まれたという証拠は今のところないが、そのことよりもここで言いたいことは、森國久が個々の兵員の前歴にこだわらず彼らを分け隔てなく処遇し、前科者として遇するのではなく一人の人間として苦楽を共にしようと心がけたということだ。あるときは部下と共に草野球に興じ、あるときは余興で自ら大根役者を演じて彼らを楽しませ、そしてまた戦闘の終了した戦場で共に正月を祝った。上官でありながら部下を思い、部下と肩をならべて今この瞬間を生き、今この瞬間を共に歩んでいこうとする森國久は、戦場にありながら、兵員の一人、一人の下士官である以前に一人の人間であった。

人の属性や前歴にもとづいて相手を見るのではなく、一人の人間として相手に向き合うこの姿勢、相手を決して見くびることのないこの態度は、兵役を終え再び警察官に復職してからも、また政治家になってからも一貫していた。わが眼に差別や偏見のフィルターをかけずに世界を、また人を透視する詩人の魂が、生涯にわたり彼の身体と意識の奥深くに埋め込まれていたように思われるのだ。

9 良口会戦の譜

良口会戦の譜

今日は珍しく午後になって
十幾日振りに太陽の姿を拝む

一日の進軍なり
日は没せんとす

時折思い出したように
対岸に銃声未だ残る

沈まんとする夕日を
私は黙って眺めていた
私のそばに誰が
座ったのかも知らなかった

戦い済んで。一日の戦いが終わり、夕日が沈んでゆくのを眺める兵士たち。立っているのが森國久

部下の死、戦友の負傷、愛馬(あいば)の死
苦しかった昨日までの進軍
ツンツンとこみあげてくる熱いもの

良口会戦の譜

森國久が遺(のこ)したアルバムのなかに一九四〇年の良口会戦の記録として撮られた写真とその周りに書きつけられた短い説明文を見つけた。そこで私は、この説明文を意味のまとまりに応じて詩の形式に置き換える編集を行った。その結果、先に示した詩の姿があらわれてきた。そこには表題がつけられていなかったので、筆者の判断で詩の題を「良口会戦の譜」とした。

良口会戦は森國久が実戦をともなう作戦に参加する最後の経験となった作戦である。彼が広州市内の警備の任に就いていたとき、第二十一軍司令部より命令が下され、同市の東北の方向にある従化(じゅうか)、良口圩(りょうこうう)付近で展開されたこの会戦に参加した。参加したのは他の先発部隊よりも六日遅れの一九四〇年五月十三日であった。良口圩の「圩(う)」というのは「堤」、「くぼみ」「へこみ」、「村」の意味であるが、それは清時代に形成され制度化された鎮、市と並ぶ都市の単位である。圩は鎮や市よりも人口規模が小さいので、さしずめ日本の「町」というところであろうか。

夏至(げし)が間近に迫る頃なので昼は長い。晴れの日は太陽がほぼ真上から照りつける。この広州は北回帰線が通り、気候は亜熱帯にあたるので気温も湿度も高い。目標地点は広州市内にあるとはいえ、広大な広州市域のことなので、市の中心部からは相当の距離がある。

その道のりを馬と荷車を引いて行軍する。軍需物資のうちある物は担ぎ、他のある物は荷車に乗せ、何百キロもある船は担いで徒歩行軍するのである。相当の重労働である。しかも南支の戦場では兵士たちは、敵弾による死はもちろんのことマラリアと破傷風による死とも背中合わせの環境でその日その日を精一杯生きていた。一日を生き延びることができるならば、それは正に幸運というほかなかった。兵士たちはこの良口圩での一日の戦いが終わるとほっとして我に返る。疲れ果てた身体をしばし休めて茫然と夕陽を見ることもある。示した写真はその光景である。國久もそのなかの一人であった。その夕陽は彼が故郷の天草、樋島で見ていた夕陽と同じ夕陽であった。熊本に残してきた妻と子のことを思い出す國久は二十七歳。そしてまた故郷を離れて戦う中国国民軍の兵士たちも同様だ。それは家族を想いつつ見ていた夕陽に違いない。夕陽に国境はないのと同様、家族を想う気持ちにも国境はなかった。

　森國久にとっては最後の実戦。一日の戦いが終わって明日の戦いに備える、そのしばしの休息の時間—平和な時間。「今日も何とか生き延びることができた」との感懐は、夕陽を見るとなおひとしお胸にこみ上げてきたことであろう。

　このひとときに誰もが、傷つき倒れた戦友を想う。硝煙の立ちのぼる山稜や野辺に血を流して斃れ、故郷、あるいは故国の地を再び踏むことのない不遇の戦友を想う。戦場で斃死した愛馬のことを想う。故国に残してきた家族を想う。恋人を想う。兵士たちにとって夕陽はまるでさまざまな追想の導火線のようである。「ツンツンツンとこみあげてくる熱いもの」という詩句に「想い」は凝縮されている。声に出して読んでみると「ツンツン」という擬音語の表現が切なくひびき、想いのリアルさを増幅する効果をあげている。

国家がひき起こす戦争さえなければ、互いに友人でもあり得た異国人同士が兵士として憎み合い殺し合わなければならない戦争の理不尽さがここにある、それが垣間見えるこの一枚の写真。それはテレビゲームやインターネット上のゲームで気軽にかつ安易に疑似体験する戦争では到底分からない。

10　船を漕ぐ

船を漕ぐ

船を
船を漕ぎ得ない兵隊が
船を漕ぐ
（からだ）で漕ぐのだ

船を漕ぐ

たった四行の詩。この情景の現場は、背景の建物から想像して、広州市内の珠江に面し

艪のこぎ方訓練風景。1939－40年頃、珠江で。船上に立っているのが森國久

た黄埔港付近ではないかと推定する。水面の様子は川幅が相当広いことを想像させる。

この詩には四行目に判読できない文字があり、文脈から推定して「からだ」という三文字を補った。「からだ」でなければ「腰」だろう。

船といってもいろいろある。ここでは艪で漕ぐ船である。艪は水中で水をかく木製の艪べらと漕ぎ手が握る一本の艪杆と両者を接合する艪抗という三つの部分からできている。この種の船は、手で漕いではいけない。手で漕いでいては前へ進まない。筆者も経験があるのだが、小手先で漕ごうとしても、艪が外れてしまってうまくいかない。たとえ運よく外れなくても、小手先で漕ごうとするとただ船尾が左右に振れるばかりで前には進まない。その反対に腰を軸にして身体全体で漕ぐとうまくいく。からだ全体のしなやかなバネを使い、それに腕、手首を連動させ、ゆっくりとした調子で動かさなければならないのだ。

もう少し具体的に言い表す。艪杆は船上にあり、これと反対側の水かき部分は船尾の後方の水中にある。つまり艪全体の軸は船と平行になっている。まず漕ぎ手は、艪の軸に向きあうように、つまり艪杆と胸の面が並行になるようにして舟尻の床に立つのである。次に脚を前後にかまえる。そ

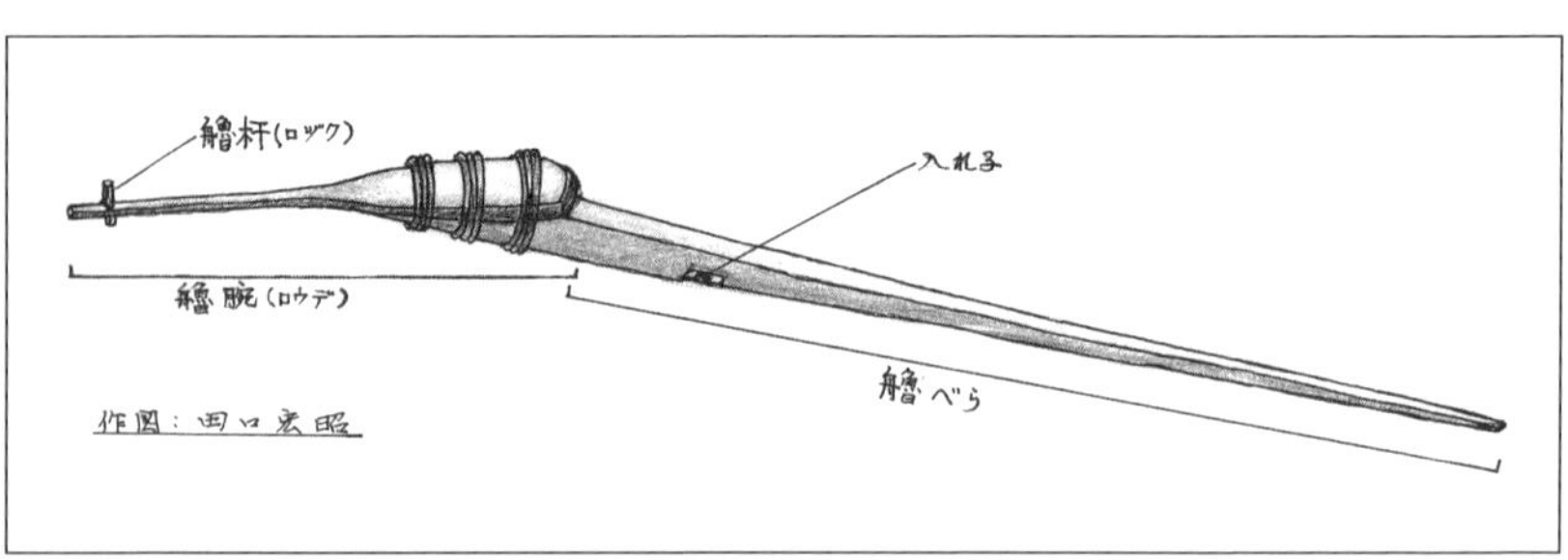

和船の櫓（イラスト）（著者作図）

して、ほぼ肩幅くらいに開いた両腕で艪杆を握る。腰と両腕を使って艪杆の握り手を押し、押し切る前に手首を回転させ、今度は自分の身体の方に引き寄せるのである。手前に引くときも同様で、引き切る前に手首をゆっくりと回転させ向こうに押し返す。これを繰り返すのであるが、水かきである艪べらの角度と力加減によって艪全体は船の針路を決める舵の役割も果たすし、船首の方向に働く力と水中に向かう力の合力の原理で船の推進力も得られる。これらの動作はなかなか難しい。一朝一夕にはいかない。

森軍曹は自分の分隊を率いて河を渡るとき、手ほどきをしたうえで新入りの兵隊に船を漕がせてみたのであろう。その時の情景を、このように短い詩に書きとめたのである。軍需物資を運ぶ兵站の役割を担う部隊においては、新兵が船を漕げるようにすることも重要な訓練課題であった。森國久自身は天草の生まれ育ちであるから、艪で船を漕ぐことになれていたはずだ。故郷の天草樋島では大人の男子はたいていこの種の船を漕ぐことができた。そして子どもたち、特に男の子たちも見よう見まねで艪の漕ぎ方を習いおぼえた。このような背景を想像すれば、彼が「船を漕ぎ得ない兵隊が　船を漕ぐ」と、部下の漕ぎっぷりを批評していることの意味が分かる。

船を漕ぐ技能はやがて実戦で生かされる。しかも船は漕ぐだけのものではなく、漕ぎ手に担ぐ技能をも求めた。向こう岸に渡れば、船は川岸につないで帰路に再び乗るというのではない。次の目的地までのあいだに川があるかもしれないので、川から船を引き揚げて、次の川岸までこの船を人力で運ぶのだ。それも兵站部隊の任務である。それは本当に重労働だあったはずだ。

11　私は誰のもの

私は誰のもの

このレンガの建物は
誰のものだろう
そして……ものだろう

私は私のもののようで
私のものではないような……
一体誰のものだろう

私は誰のもの

前列中央で軍服を着てサーベル（洋剣）を地面に突き立てた姿の森國久がレンガ造りの建物の前で腕を後ろに組み、視線をじっとこちらに向けている。場所は日本軍の占領地である広州の市街地の、おそらく輜重兵部隊が駐屯する兵舎の前であろう。兵士たちは皆、後頭部にも日よけのある

森國久軍曹（前列中央）と部下たち

軍帽（軍人の制帽）をかぶり、長袖に長ズボン、軍靴にゲートルという出で立ちだ。建物の壁に映る影と地面に映る影をよく観察すると、太陽は頭上の高い位置にあるのでいつの季節か見当がつく。

筆者はこの写真に添えられていた、もともと一つながりであった六行の字句を前三行と後三行に分けてみた。写真に添えられた六行の説明―詩句―は全体として謎めいているのだが、特に前三行についてその印象が強い。

まず前三行について考えたい。「このレンガの建物は　誰のものだろう」という問いかけを自分に向かって発している森國久とはいかなる人間なのか、という疑問が読む側に浮かんでくる。普通ならそのようなことに疑問など抱かないだろう。もし抱いたとしても答えは案外と単純明快。「日本軍が占領しているのだからこの建物は当然日本という国家のものである」。それは日本という国家の接収物、戦利品なのである。しかし中国国民党軍がそれを奪回すれば、再び中国に帰属する。法の支配による秩序は、そこには事実上無いに等しい。一時的な力の差だけが一時的な秩序をつくり出している。それが戦争というものだ。

では「そして…ものだろう」の「…」の部分にはどのような詩句が入ることを想定できるか。この部分はあえて「…」と記されているだけで、森國久は意識してここに入るべき言葉を明示していない。したがってわれわれは想像するほかはない。

入るべき言葉として二通りの可能性があると思う。一つ目の可能性。前述した「日本軍が占領しているのだからこの建物は当然日本という国家のものである」という理屈から、「日本という国家」あるいは「大日本帝国」という文字が入りそうだ。もしこれが森國久が入れたい文字であったなら、その通りに表現して「そしてそれは当然日本という国家のものだろう」としても何ら差し支えない。差し支えないどころか、日本軍司令部側からはむしろ歓迎される表現なのである。にもかかわらず彼がそうしなかったのは、内心その方向に気持ちが動きにくかったからかもしれない。

そこでもう一つの可能性を検討してみたい。それは「もともと中国のものだから中国の」という十五文字が入るという可能性だ。もしこれを挿入すれば第一連の三行目は「そしてもともと中国のものだから中国のものだろう」という表現になる。しかし森國久にとって、万が一を考えれば、この十五文字を挿入することは立場上、避けなければならないことであっただろう。

このように考えてみると、彼が、「そして…ものだろう」という一行の核心部分を、あえて伏せ字にした真意を理解できるように思われる。

では「私は私のもののようで」で始まる後の第二連第三行についてはどのように解釈できるのか。次の行では「私のものではないような……」の詩句の最後の部分が伏せ字にされている。つまりここでも森國久はある言葉を明示することを避けているのである。彼がここで問いかけようとしているのは「個人である私」と国家の関係である。国家という表現はこの詩句では表面に出てこないが、個人に対置される存在としてここで含意されているのは「国家」のほかにはない。

しかし、森國久にはここで「国家」と書き込むことに躊躇する気持ちが働いているように感じられる。「私は国家のものだ」と言い切ればよいところをそう言い切っていないのであるから。逆に「私は国家のものではない」と言い切ってもいいない。当時においては、「国家のものではない」とはほとんど誰もが思い及ばず、また思ったとしても言い切れないでいた。文字に表すことはもちろんのこと、「国家のものではない」という思いを密かに抱くことさえ戦場ではタブーのようなものだ。かりに感じ、思っていても口に出してはいけないことであった。なぜなら「滅私奉公」がスローガンであった当時では疑いもなく「私は国家のものである」からだ。

集団が個人に優先するのが集団主義。それが極端にいけば国家主義である。そのような場合には、目には見えないが、さまざまなシンボルが国家を表象するために活用され、国家が形をもった実体的な存在であるかのようにイメージされる。そして国家という集団がほかのすべての存在に優先する、私個人に優先する。つまり「滅私」がそこでは掟であったのだ。あの時代は個人であることは許されない時代であった。

したがって、最後に「一体誰のものだろう」と自問する彼の答えは「私のものだ」でもないし、「国家のものだ」でもない。彼にとってはやはりいずれか一方であるという答えを出せない問いであったのだ。

戦争は互いに敵対意志をもつ国家という集団の《集合的沸騰》であり、《集団的昂奮（興奮）[10]》である。水を鍋に入れて火にかければ沸騰する、あのイメージである。国家をあげての熱い戦争に一兵士として参加しながら、頭のどこかが醒めていて、国家のための滅私奉公に徹することにためらいを感じる彼の姿勢がそこには垣間見える。

12　石を枕に

石を枕に

川床（かわどこ）が私たちの征（ゆ）く道なのだ
おっと危ないすべりそうだ

どこまで進軍しようが
日が暮れれば川床に眠る
石の枕は矢張（やは）り冷たいな
（翁英（おうえい）作戦に参加して）

石を枕に

この詩に対応する写真は二枚の組み写真である。うち一枚は作戦地に向かうために部隊が河を渡る様子をとらえた写真。もう一枚は河を渡り終えたところで部隊が休憩する場面をとらえた写真。この日

森國久と渡河行軍。1939年12月24日から参加した翁英作戦において、広東省の北方で渡河する輜重兵部隊

河を渡り終えて

はこの河原で野営するのかもしれない。季節は冬である。現地は北回帰線が通るあたりだが、冬なので太陽は南回帰線の方に遠ざかっている。そこで内陸部にある現地では、夜ともなれば山中はずいぶんと冷え込むはずである。森國久は川岸に立ってこちらを見ている二人のうち、向かって左側の人物である。渡渉したたくさんの軍馬も休息中だが、その背中には左右に振り分けられた軍需品がのっかっている。木箱の中身はおそらく弾薬と食糧と水。そして補充用の機関銃。

写真はモノクロなので景観の情報は少ない。けれども写真の明暗を注意深く観察すればこの日が晴れだと分かる。写り込んだ人物の衣服の明暗の強さ、背景の山の稜線付近の明度と影の部分の光のコントラストから判断して。これが分かれば後は想像力がこの一枚の写真を頭の中でカラー写真に自動的に変えてくれる。左方向の空には青空が広がり、右方向の空には雲が出ている。午後の一時か二時。河原の脇には照葉樹の森が深い影をつくり、野営するには天候といい、場所といい好都合かもしれない。

前方には高い山々が連なるのが見える。冬とはいえ山肌の緑は濃い。山の急斜面には、露出した石灰岩らしい岩が今にも転がり落ちそうな姿勢を見せながら山肌にすがりついている。その下を、この部隊が翌日の早朝に行軍する予定の九十九折りの石ころだらけの白い山道が通っている。この道は中国国民軍も通っているはずの道である。同じ道を日本軍部隊も通る。先発の歩兵部隊、砲兵部隊、工兵部隊などはここ数日のうちにすでにこの道を通過したはずである。

では、この写真に添えられた詩を紹介する。「石を枕に」は翁英作戦を振り返って書き上げた詩である。この写真の記録には「十五年一月二十五日」の日付がある。前年の十二月に開始された翁英作戦から広州に帰還したのが翌年の一月九日。その翌日の一月十日から同十四日まで広州の警備についていた彼は、早くも十五日には賓陽作戦に参加するため広州を出発し、黄埔港から輸送船に乗り込んでいる。途中で南シナ海の海南島南端にある三亜港に寄港し、そこをトンキン湾の方に回り込んで針路を北に変え、欽州に上陸したのが二月十日であるから、この詩は、一月十日から十四日までの間に書かれたものと考えられなくもない[11]。しかしこの期間は賓陽作戦に出発するために輸送物資の準備に忙しいはずなので、写真の現像や焼き付けを取りあえず済ませておいた。であるから、これを書いたのは賓陽作戦に向かう輸送船に乗っている間ということになる。

とはいうものの、詩の内容自体は一ヶ月も前の翁英作戦に参加した際の行軍中の一場面である。前年の十二月下旬、牛頭嶺を目指して河を渡った輜重兵部隊が河原で野営することになったのであろう。森國久が翁英作戦に参加した日数は、実質的には三週間余りであった。野を越え、河を渡り、険しい山道をゆく行軍であった。夜が明ければ歩き始める。武器、弾薬や食糧など軍需物資を積んだ荷車を馬と人が引く。船を担ぐ。目的地は一応あるが、あるようでない。あるようで定まらない。相手次第である。それでも補給線を分断されないように注意し、先行する味方の部隊から離れすぎてもいけない。

山また山、その稜線が折り重なるあいだから清流が流れ下る。大小の岩や石ころが川原を埋めている様子から、川としては上流域から中流域にかけての景観をなしていることが分かる。「川床が私たちの征く道なのだ」という表現がリアル感を帯びている。豪雨がひとたびあれば、それまであった川沿いの道は消えてなくなる。自然は道を消し、人間があらたに道を造る。造り出すまでは川床も道である。船を担ぎ馬を引いたこの部隊は川下から川上に向かって苦しい行軍を進めた。

日が暮れると形ばかりの食糧を口に入れ空腹を癒やし、河原のわずかばかりの砂地を見つけて石を枕に「川床に眠る」のである。食糧も運ぶ兵站の部隊である。それでいて自分たちが食べる米にも事欠く。前線部隊に食糧を送り届けなければならないからだ。それにしても食糧はどのようにして調達していたのだろうという疑問がふとわいてくる。芋をかじるような簡単な食事を済ませると、河原でもどこでも眠る。テントを設営する時間と手間をかける余裕がないときは、それこそ「石を枕に」して夜露に濡れながらの野宿である。この詩にある体験をしたときはそのような状況であったのだろう。亜熱帯の気候とはいえ、この作戦地はうんと内陸の山岳地帯にあるため、夜間ともなると気温はぐっと下がるので、野宿は兵士には大きなストレスとなる。けれども明日の歩を進めるために今夜は石を枕にしてでも、とにかく眠ることができるときに眠らなければならないのだ。

13 藁の寝床で眠る

藁の寝床で眠る

嬉しい事に
今日は上陸以来
初めての早寝だ

是の上壁の向こうに
今夜の寝巣が……
もう暖かに……暖かそうに
藁も敷かれているだろう。

空は相も変わらず
どんよりと灰色一色だ

賓陽作戦の森國久（右）。1940年1月15日から2月10日にかけて展開された作戦においてたどり着いた南寧の城壁の外で

ワラの寝床で眠る

二人の兵士が疲れた表情で、石かレンガの壁を背景にカメラの方を見つめている。向かって右が森

國久である。左の人物は同じ輜重兵部隊の軍曹であろう。壁には中国軍がペンキで書いたと思われるスローガンがでかでかと浮き上がっている。判読できるのは「…敵人帯路」「学生軍…」だろうか。「学生軍」という三文字は、中国軍の中に中国の学生たちが組織した義勇軍か何かが交じっていたことを想像させる。華北や華中での抗日戦でも中国側の義勇軍の中に学生も参加していた事実が知られているので、ここ華南においてもそれはあり得る。写真をよく見ると、この二人が立ち上がれば頭が届く位の高さの壁の上には草が生い茂っている。

一九四〇年の一月から二月初旬にかけて展開された賓陽作戦の終盤時に撮影されたこの写真には森國久が記した短い一文が添えられている。説明文の文脈を追いながらその区切りを見つけ、改行を加えると一編(いっぺん)の詩が浮かび上がってきた。それが冒頭に示した詩である。詩の主題は戦いに疲れた兵士を眠らせる藁の寝床の心地よさを想像する一兵士の一瞬の幸せである。ここにたどり着くまで夜間の行軍が幾夜も続いた。久しぶりで唯一の休息の空間である。ベッドや布団の寝床が当たり前の現今の時代からは、ワラの寝床があろうなど想像もつかないが、かつての戦場ではむしろこれが普通であったのだ。

二連目に「是(これ)の上壁」とあるが、「上壁」の意味が不明であるが、おそらく「城壁」の誤記であろう。「城壁」と解せば、目的地の南寧(なんねい)に森國久らがすでに到達していてそこに城壁があって、その「向こうに」「今夜の寝巣(しんそう)が……」と続いて意味が理解できる。この場合、写真の二人の背景にある壁は城壁の一部ということかもしれない。そこまでは分かる。だが「城壁」とはいったいどこの城壁なのか。

城壁のある場所は中国軍にとってかなり重要な城壁であり、もちろん城壁というからには城があるはずだ。ではどこの城だろうか。実はここは中国南部、ベトナムと国境を接する現在の広西壮族自治区の南部、南寧という都市にある城壁のことなのである。前年の一九三九年十一月十六日に始まった日本軍の南寧作戦が攻略を目指した南寧の城である。攻防戦の末、日本軍がここを占領した。

南寧のこの場所は日本軍が占領する前は、中国軍の城の要塞であったから、兵士たちが休息できる藁の寝床はあるはずだ。壁には何やらスローガンが書かれている。これを見る限り、学生の義勇軍まで加わった形跡がある場所らしいので、ここは中国軍にとっては余程重要な場所ということになる。

詩の意味を理解するために、「今日は上陸以来初めての早寝だ」という字句の「上陸」が何を意味するのかという点を明らかにしておきたい。

輜重兵部隊の森國久は賓陽作戦に参加するため一九四〇年の一月末に広州の黄埔港を出発して広東省の西隣にある現在の広西壮族自治区の、南シナ海北端の大きな港町、欽州に上陸した。一連の「上陸以来」の「上陸」とはこのことを指しているのである。

欽州と自治区の省都である南寧の間は直線距離にしておよそ百キロメートルだ。「上陸以来」「初めての早寝」と表現されているところから判断すると、欽州から北北西の位置にある南寧に向けて、敵の攻撃を避けるために夜間も含む数日のつらい行軍が続いたに違いない。その間は早く寝床に就くことができなかった。それがこの日は久々に早寝ができる、その喜びが「嬉しい事に」と表現されている。ただの早寝が無上に「嬉しい」のである。寝床といってもワラの寝床である。それが、暖かそうな「寝巣」（彼の造語）と呼ぶにふさわしく感じられた。凄惨がつきものの戦争のなかにあって一瞬の幸せが感じられる早寝を約束されたひとときであったのだろう。その気持ちが何の飾り気もなく素直に表現されている一編の詩。

詩の背景

これでひとまずは詩を味わうことができるのであるが、そもそも森國久が南寧にやってきた賓陽作戦について触れておいた方が、この詩の理解は広がりを増すだろう。詳細については第Ⅱ部の賓陽作戦について書かれた章で述べるので、ここでは森國久の足跡と突きあわせながら、以下、概略だけを述べる。

前年十二月半ば過ぎから翌一九四〇年一月上旬にかけて展開された翁英作戦のことについてはすでに触れたところである。この翁英作戦の予定が急きょ繰り上げられて、兵力が広州に集められた理由は、南寧とその北方の崑崙関で展開されることになった賓陽作戦にあった。この新たな作戦に参加するため、翁英の戦地で祝った正月気分がまだ醒めやらないうちに、森國久たちの部隊も、翁英方面から再び南下して広州にひとまず引き返したのである。

南寧を奪還しようとする中国軍の冬期攻勢の動きに対応するため、賓陽作戦を開始せよとの指令が出された。広州警備の任務で一息をついたのもつかの間のことであった。森國久が所属する輜重兵部隊は、この新たな作戦の後方支援を担うため、一月七日から十三日にかけて、目の前をゆったりと流れる珠江に臨む広州の黄埔港に集結した。そして大急ぎで食糧、武器・弾薬、軍馬等を輸送船に積み込んだ。この作業を済ませると広州の黄埔港から南寧に向けて、近衛混成旅団と第十八師団の後を追うように出発することになった。

戦争騒ぎをよそにゆったりと流れる珠江。欽州に向かう船団はそこを下る。珠江は大河である。珠江の河口付近まで来ると左方向に、当時イギリスの租借地であった香港が、右方向にはマカオが小さく見える。河口を出るとそこはもう南シナ海である。ここから欽州まではおよそ六百キロメートルを超える船旅だ。

森軍曹の上官である安藤部隊長は、軍用犬として連れてきた愛犬と輸送船の甲板に立ち、南シナ海のどんよりした空と鉛色の海を眺めては、賓陽作戦における任務の重さを噛みしめていた。輸送船団はこれらの物資と兵員を乗せて欽州に向かった。

兵員輸送船が海南島に近づいてくると、海抜千八百メートルを超えてそびえ立つ五指山が大きく視界に入ってくる。海面まで視野に入れると、五指山は雲を突き抜ける高さである。

参戦予定の各部隊は海南島南端の三亜港に続々と集まってきた。部隊が一旦ここに集結すると作戦の要綱が各部隊に伝えられた。戦隊を整えると歩兵部隊を先発隊とする行軍序列にしたがって各部隊は順次出港した。出港するとまもなく針路を北に変えた。兵員輸送船はトンキン湾に入るのだ。目指す目的地、欽州はこの大きな湾の北辺にある港湾都市だ。やがて大船団はひたすら北進し、欽州の沖合にたどり着いた。いよいよ上陸だ。近衛混成旅団と第十八師団の指揮官は上陸決行の命令を下した。

日本軍は一気に上陸する作戦に出たのである。中国軍の部隊は対岸に展開して日本軍の上陸に備えていたはずなのだが、たいした反撃もしなかった。おそらく南寧を目指す日本軍を途中で迎撃する作戦であろう。輜重兵部隊を最後に日本軍の夜陰に乗じた上陸作戦が完了し、それから時をおかず南寧に向けて兵力を移動する態勢をここで整えたのである。

ここから一休みする間もなく、森國久らの輜重兵部隊は先発部隊に追随しながら南寧を目指した。広いデルタの中を縦横に行き交うクリークを抜け、敵の攻撃を避けるため深夜でも闇を突いて馬と共に歩む行軍が毎夜続いたのであった。

森國久らの輜重兵部隊が南寧に到着する前に、南寧北方を舞台にした激しい攻防戦は日本軍優位で決着がついた。これで彼らが到着した夜は、暖かい藁の寝床でぐっすり眠れるのである。

このつかの間の幸せと直前まで南寧の北方で起こっていた大規模な軍事衝突の惨劇はちょうど裏表であった。戦死者の数は日本軍側で二百九十五人、中国軍側で二万七千余人と記録された。日本軍側の記録では「戦果」としての敵軍の死者は実数の三倍位に水増しして報告されていたらしいが、それでも中国軍の戦死者の数は九千人を下らず、日本軍側死者の数を三倍して八百八十五人としても九百人足らずであった。両者を比較すると中国軍側の被害は相当大きかった。激戦地であった南寧北方の山野が血に染まった光景は想像するだけでも目を覆いたくなる。「藁の寝床で眠る」と題した詩の心境と、戦場の惨状との間には大きな隔たりがあるが、森國久にとっては北方の崑崙関での戦闘の惨状については知る由もなかった。このたった一枚の写真でも、民衆にとって戦争とは何か、命とは何かを問いかける、重い戦史的背景が隠れ横たわっているのである。

14 Landing

Landing

烈々(れつれつ)たる南亜(なんあ)の太陽は頬(ほお)に痛い
ウィンチの唸(うな)りが
慌(あわ)ただしく上陸作業に拍車(はくしゃ)し、
その機械は生きもののように
左に右に、上に下に―

ピタリと合った
兵隊と船員と機械―
整然と器材は下され
馬も荷物も
次々と遠く高き大空に―

一つ一つが上陸へ上陸へと
心が弾(はず)む

ベトナムのハイフォン（海防）港で。1940年9月、北部仏印（フランス領インドシナの一部）のハイフォン港で軍需物資の陸揚げ作業を見守る森國久（右）

南支那海のウネリが
のたりのたりと

（仏印進駐）

Ｌａｎｄｉｎｇ

一見のどかな写真である。港の岸壁のすそを静かに洗う波の音、荷物を上げ下ろしするウィンチの音。それらの音だけが、北緯二十一度に位置するベトナム北部（北部仏印）のハイフォン港の埠頭に響いている。頭上の鋭い角度から降り注ぎ人の肌を焦がす熱い日射しの下で。下船したはずのたくさんの兵士たちの姿は見当たらない。どこか日陰ででもからだを休めているのか。この日の天候はすこぶる良好らしい。雲のあいだから青空が見える。

写真の主題は、日本軍兵士たちと輸送船の船員たちが協働し、クレーンを使ってハイフォン港に馬、食糧、器材など軍需物資をのどかに陸揚げする光景である。この写真を裏返してみた。するとそこに詩らしき文字がびっしり書き込まれているのを見つけ出した。筆者はこれらの文字をワープロでパソコンに入力し、画面上で改行を施し、意味のまとまりごとに前後に一行を挿入するなどして編集を施した。そして、その内容から判断し「Ｌａｎｄｉｎｇ」（上陸）と題した。読み返すと、詩にはベトナム北部のハイフォン港上陸の様子と、そのときの気持ちの高まりが生き生きと詩の形式で表現されているのを感じた。

「南亜」は、「南ア」つまり南アフリカのことではない。森國久は「南アジア」のつもりで使用しているのである。しかし「南アジア」といえば、通常はユーラシア大陸をヨーロッパ州とアジアに分け、そのアジアのうちヒマラヤ山脈以南の、インド洋に突き出た半島部を指している。[12] だとすると中国、朝鮮、日本をまとめて、ユーラシア大陸の北東部を「東亜」と呼ぶので、これに対して森國久はインドシナ半島を「南亜」と言い表したのであろう。

第二連の第二行目に「兵隊と船員と機械」の「船員」とあるが、これは正規の軍人ではなくて、軍に協力する日本籍の輸送船の船員であり、非戦闘員である。

冒頭に「烈々たる南亜の太陽は頬に痛い」という表現などは十分詩的な表現といえる。「その機械は生きもののように」もそうだ。ウィンチ、つまり巻上機の操作手は写真には見えない場所にいるのだが、まるで生き物のようなウィンチが隠れた操作手とは無関係に自律して行動するように表現されているのである。そして「馬と荷物」のそれぞれが、まるで空を飛ぶように「次々と遠く高き大空に」と表現されるなど、森國久自身の気分の高揚ぶりを映し出しているかのようである。第三連の二行の詩句も詩的な表現である。しかも森國久の上陸時の気分が生き生きと表現されている。

ここで森國久が経験したこの上陸イベントの背景について記しておこう。一九四〇年九月二十三日に開始された日本軍の仏印進駐作戦において、森國久らの部隊がハイフォン港に上陸したのはフランス軍が事実上降伏してからまもなくのことである。仏印進駐は「欧米列強からのアジアの解放」という大義名分に一点の汚点もないことを、ほとんどの日本軍兵士と同様、少なくともこの詩を書きつけているあいだは森國久もきっと信じて疑わなかったであろうと想像する。賓陽作戦において中国国民党軍を制して南寧方面からそれを排除した日本軍は桂林―ハノイ・ルートを確保した。作戦がすべて終了したのは二月十三日であった。この作戦の成功によって日本軍は北部仏印進駐の機会を得たのである。

そしてこの作戦の終了後五ヶ月が経過した一九四〇年九月十七日、日本軍は北部仏印への進駐作戦を開始する。当時、仏印はフランス領インドシナであり、フランスの植民地であった。フランス本国から派遣された提督が軍を従えてここを統治していた。

その頃ユーラシア大陸の東西で似たような動きが進んでいた。第二次世界大戦の欧州戦線では、ドイツ軍がフランスを占領した。日本軍の北部仏印進駐という行動は、これに刺激され、これに呼応するかのように、仏印政府に進駐を要求した。そこで進駐に関わる協定が成立したが、日本の現地軍は進駐の日付と条件を侵して進駐を決行し軍事衝突が起きた。日本軍による北部仏印進駐は無血の進駐であったという通説があるが、これは事実とは違う。実際は無血ではなかった。

日本とフランスの間で平和裏に日本軍が北部仏印に進駐する取り決めが交わされていたのだが、陸軍と海軍の内部の強硬派が協定を破って仏印領に突如侵攻したため悲劇は起こった。陸軍と海軍の双方が侵攻を開始し、北部仏印の国境の町ドンダンにある要塞を攻略し、さらに南下してランソンを攻略した。協定外の行動に意表を突かれた現地司令官は応戦を命じて交戦となったが武力で優越する日本軍がフランス軍を制圧した。この攻略戦において日本軍は五百人のフランス軍兵士たちを捕虜とした。フランス側の司令官は助命の嘆願を日本軍の司令官に申し出たのだが、無情にも捕虜たちを銃殺にするという命令が下された[13]。

銃殺の執行前にフランス側司令官は日本軍司令官の前に歩み出て、「自分たちの銃殺が執行される前に、せめてフランス国歌《ラ・マルセイエーズ》を歌わせてほしい」と要請した。この願いだけが日本側の将軍によって受け入れられ、フランス兵らが涙を流しながら国歌を歌った。歌い終わると彼らに向けて一斉に銃口が火を噴いた。司令官を含め兵士たちは崩れるように地面に倒れ込み、鮮血が軍服の下から滲みだし、大地は血で染まった。

捕虜の扱いについては一九二九年のジュネーブ条約で定められていた（「俘虜の待遇に関する条約」）のであるが、日本軍内部では明確な取扱規程がないまま、個々の事例について指揮官の判断に委ねられていたのである。その理由は分からないが無情なことである。この捕虜銃殺事件があった事実は、その後も長いあいだ封印されたままであったらしい。この事実を知らないままに、森國久らの渡河材料大隊がハイフォン港に上陸したのはその数日後のことであった。詩に歌われた高揚した気分は、この悲劇を知らないがゆえの、皮肉にも哀しい「無血」進駐上陸賛歌であったのだ。

15　ハイフォンのフランス娘

ハイフォンのフランス娘

夕暮れの町並みに
これはまた、フランス娘が
楽しそうに？

祖国（そこく）の悲しみは
彼女の顔に見出せない
だって私達は若いのですもの
とでも言いたいように

ハイフォン（海防）の若いフランス女性たち。北部仏印のハイフォン港に上陸した森國久らが見た一光景

ハイフォンのフランス娘

一九四〇年九月、北部仏印への進駐をねらった日本軍の強襲（きょうしゅう）による流血の結果、フランス軍は鎮圧され、無力化された。仏印進駐作戦の終盤にハイフォン港に上陸した森國久らの兵站（へいたん）部隊は、輸送船から補給物資を陸揚げし、順次にハイフォンの市街地に進駐した。その頃になると戦闘が起こる可能性はほとんどなかった。

それどころか、ハイフォンの市街は平穏そのものである。森國久は市街地風景を一枚の写真に収めている。そこに写っているのは街角を闊歩する三人の若いフランス娘。森軍曹がそのときの印象を表現したのがこの写真詩である。

ハイフォン進駐後、森國久らはおそらく市内のどこかに宿営を確保したであろう。軍需物資の陸揚げ作業を終えた森國久らは、捕虜銃殺事件について知らされないまま、短い休暇をもらったような気分で市内を散策し、このような光景に出合ったに違いない。シャッターボタンの押し手のくつろいだ気分が思わず伝わってくる。

写真に写っている街路の建物はフランス風である。通りはハイヒールでも無理なく歩けるようにきれいに舗装されているのだ。季節は九月。おそらく若い女性たちは植民地にフランス本国から派遣されている軍人、外交官、商人、実業界といった階層の人びとの娘たちなのだろう。

ナチス・ドイツによるフランス侵攻から三ヶ月余り、パリからは遙か離れたここハイフォンの街には未だ、この娘たちには祖国フランスの悲しみは伝わってきていないのか。娘たちはあっけらかんとした風情で街を闊歩しているのである。「楽しそうに?」という箇所で疑問符「?」がついていることに注目しておきたい。

このとき明らかに森國久は、祖国をナチス・ドイツに奪われたフランス本国にいるフランス人の悲しみに想像力を働かせ、かれらに共感している。

森國久がフランス娘たちを注視しながら、「祖国の悲しみは　彼女の顔に見出せない」と表現しているのは、祖国で突如起きた出来事のニュースを彼女たちがまだ知らされていないがゆえに、彼女たちが祖国の悲しみをわが悲しみと感じるに至っていないことを暗示しようとしているのだろうか。あるいはフランス植民地である北部仏印が日本軍によって進駐を受けているが、祖国の悲しみを表情に表すことは、自分たちの前に突如立ちはだかった日本軍に対する彼女たちのプライドが許さない、と理解しようとしているのだろうか。

いずれとも決めがたいが、森國久は本国のフランス人の悲しみに共感しつつも、「だって私達は若いのですもの」「とでも言いたいように」とあえて表現したところに、もしかすると森國久自身の愛国心との距離感を婉曲に表現しようとした意図があるのかもしれない。

この詩は単純なようでいて、作者の真意を理解するのは一筋縄ではいかないような気がする。

16　仏印進駐（ふついんしんちゅう）に題す

仏印進駐に題す

一

アジヤの辺（あた）り仏印に
鐘が鳴る鳴る
夜明けの鐘が

東の空が仄々(ほのぼの)と
オー明けて行くのだ
朝が来る

二

アジヤの辺り仏印に
正しきときが来た
日の御旗(みはた)
明(めい)なる希望の秋が
オー晴れて行くのだ
朝が来る

三

アジヤの辺り仏印に
秩序が来た
一人立ち
高々と民族の鐘が
オー平和の輝く

アルバムに書き込まれた森國久の詩。「仏印進駐に題す」(1940年)

朝が来る

（昭和十五年十月一日）

森　久

仏印進駐に題す

詩の末尾に日付が十月一日と記入されているから、明らかにこの詩自体は森國久が仏印駐留中にどこかに書き留めたものだと分かる。彼がハイフォン港に上陸したのは一九四〇年九月二十三日であるから、写真を撮影してから現像と焼付を一週間で済ませるのは無理だろう。だとすればこのアルバム自体を彼が仏印進駐時に荷物の中に入れて携行していたとは考えにくく、広東の兵営に戻ってから彼の個室の書斎で写真の整理と詩の清書をしたと考えるのがごく自然な理解の仕方であろう。

詩の中身に入るが、まず使用されている語句の確認から始めたい。詩のタイトルにある「仏印」とは、いうまでもないが、「仏（フランス）領インドシナ」のことである。第二連の第三行目に「日の御旗」とあるが、これは「日の丸の旗」のことである。第三連の第四行目の「民族」は「ベトナム民族」（安南民族）のことを指している。「一人立ち」というのは白人植民地主義（白人植民地支配）からの独立の意味である。

この詩は意識して詩として書かれたものであり、森國久のペンネーム「森　久」と作詩された日付がはっきりと書き込まれていることに注目しておきたい。森久というペンネームは、おそらく二六新報の新聞記者時代につけた名前らしい。そのペンネームで、「仏印進駐に題す」という、この詩を作ったのである。定型詩であるので、もしかすると節をつけるつもりで作詞したのかもしれない。

森軍曹の目には、日本軍の仏印進駐が、フランスによる植民地支配からベトナム人を解放し、仏印に正しくて新しい秩序をもたらすかのように映ったのだろう。「朝が来る」という表現には、それまでのベトナムがフランスによる植民地支配という「暗い夜」であったということが暗示されている。そしてまた「一人立ち」（独り立ち）という表現にも、ベトナム人が植民地支配を脱してベトナムが自立する、あるいは独立するという意味が込められているのである。日本軍の仏印進駐によってベトナムの長い夜が終わり、「朝が来る」とこの詩ではうたわれるのだ。あえてペンネームが付されているので彼の真意がどこにあるかは測り難いのだが。

振り返れば西洋諸国によるインドをはじめとする植民地支配が地球上で何世紀も続けられてきた。地球上の人間を白人と有色人種とに大別し、かつ日本が意図したことを別にするならば、日中戦争や北部仏印進駐における日本軍の侵攻が確かにある意味において白人による植民地支配に終止符を打つ「可能性」を孕んでいた。そして実際、第二次世界大戦が終結した段階で、アジアに対するヨーロッパ覇権の秩序が崩れ、アジアの植民地諸国は次々と民族の解放と独立を勝ち取っていった。しかしここで重要なことは、日本が大義として掲げていた五族協和やヨーロッパからの独立、植民地解放という表向きの意図は、大陸進出の真のねらいとは区別しなければならない、ということである。

日本が本当に求めていたのは中国や東南アジアの地下に眠る天然資源であったのだが、彼が仏印進駐の大義を、この時点での日本軍の拡大派による公式説明どおり、ヨーロッパ列強からのアジア諸民族の独立のためと考え、感じていたとしても、両者のズレを見分けることは二十八歳になったばかりの軍曹には無理なことであった。なぜならば当時、国家の命運を左右する戦略・戦術の重要決定も兵卒に対する思想教育の真意も、軍幹部のみが知るところであったからだ。

彼がハイフォン港に「無血上陸」したのは一九四〇年九月二十三日より数日後のことである。のちに中野五郎が「仏印の嵐」と呼ぶ一連の事件—「無血上陸」とは正反対の事態[14]—が南支すなわち中国南部の国境地帯と北部仏印の地域で起こっていたことを知るすべはなかったし、その情報自体が機密に属することであったので、一軍曹の森國久がそれを知り得るはずはなかった。進駐の四日後の九月二十七日、日独伊三国同盟が調印された[15]。風雲急を告げる事態がこの後展開していくことになる。

森國久はハイフォン港での軍需物資の陸揚げ作業を済ませ、ハイフォンからハノイに移動した。時はすでに日本軍が仏印側をいわば武力と威嚇で制圧した後であったので、森國久らの輜重兵部隊には作戦参加の任務もなく、ここでごくしばらくのあいだ休息を得た。戦友と共に夜のハノイのカフェで南十字星を仰ぎながら食事を楽しんだのもこの時期だ。

このあいだに彼は任務期間満了のため十二月末に兵役を解かれるという通知を受けた。そこでしばしの「休暇」を楽しんだのち、ハノイから再びハイフォン港に移動し、作戦行動を終えた広東行きの輸送船に乗り込んだのであった。その出発の日、日焼けした顔で記念の写真に収まる。

17 わが車よ、轍（わだち）よ

わが車よ、轍よ

ぐるぐる廻（まわ）る車の轍
三年間にどれだけ廻ったか

その廻った跡を
逆に廻り行けば
どこに行くだろうか
車の故郷に行くのだ
車の故郷に

この車が故国（ここく）の地に
頬ずりしてから
幾年になるだろう
三年顧（さんねんこ）……

荷車の轍、森國久（左）、戦友。1940年、広州で

まだその類ずりの後味を
忘れないだろうか
まだ忘れられない
との事である

思い出す度に
胸のふくらむ
思いがする
と車は言ってるよ

わが車よ、轍よ

兵站部隊の重要な軍事用の装備として荷車がある。その荷車の轍を詠んだ詩がこれである。森國久軍曹が詩とも意識せず、まるで握りしめたペンの先から熱い想いと一緒にこぼれ落ちてくる言葉を連ねたものである。

今日では「車」といえば自動車のことである。貨物を運ぶのはトラックというディーゼルエンジンを組み込んだ自動車であり、人を運ぶのは乗用自動車でありバスである。これら自動車は橋のない河川は渡らないし、渡ることはできない。当たり前である。

ところが、かつての南支の日本軍の駐屯地では、幹線道をトラック輸送することもあったが、戦場では、特に野戦（やせん）の戦場では戦いをより有利に進めるために、橋のない河川を渡らなければならないこともしばしばあった。そんなとき、艪（ろ）こぎの小さな舟と馬と荷車が頼みの綱であった。

荷車は、馬に引かせて河川を渡ることもできた。この荷車の車輪を轍（わだち）ともいうが、もともとは車の車輪が通って残す車輪の跡のことである。そこから意味が転じて、馬車や荷車の車輪そのものを轍と呼ぶ語法が出てきた。

この詩のなかでは轍は、写真で示すように車輪そのものである。そして車輪の回転はただ物理的な力が働いた結果に過ぎない。ここで想像力を働かせなければ轍の話はこれまでである。森國久は想像力の翼を羽ばたかせ、轍というコトバに生命を吹き込み擬人法的に用いている。その上で轍の通った道に重ねるように、妻子を故国に遺（のこ）して数千キロメートル離れた異国の地に派遣されて戦い、その任務を終えて再び故国への帰路につこうとしている三年の歳月をしみじみと振り返っているのがこの詩である。

一人の人間を取り巻く世界を、その人自身がどう見るか、それ次第で人は広大な世界に住んでいることもあれば、逆に狭苦（せまくる）しい世界に閉じ込められたままであることもある。どのような想像力がどれだけそこで働いているか。それ次第で一人一人の人間の世界は広くもなり狭くもなる。森國久軍曹は、南支（なんし）の戦場に身を置くあいだ、想像力を最大限に働かせて、周囲の者とは違ったふうに、つまり時代の、国家の、大きな渦の中にあって渦の色に完全に染まらず、より広い視野のもとに世界を見ていたように思われるのだ。

この詩を何度も読み返してみると、森國久は故国を思い、望郷の想いの湧き上がる轍に託して我が故国への思い、望郷の想いを謳っていることが見えてくる。彼の詩魂の躍如たるを感じる詩だ。

むすび

戦争を相対化する

オンラインの戦争の疑似体験と異なり、本物の戦争においては子の、夫の、父の死によって残された者の人生は一変してしまう。森國久も本物の戦争に参加した人間の一人であった。兵士は戦死すれば未来の一切が断ち切られてしまう。それは真実だ。だからこそ兵士が戦場で死ぬことを恐れないためのの、あるいは遺族が戦死を犬死と感じとり、厭戦気分がずるずると広がってしまわないようにするための仕掛け、戦死を価値ある死と誉めたたえ評価するための言説が巧みに準備される。この仕掛けの設定も含めて、国家という社会集団が、持てる資源を総動員して敵国という社会集団と対決し、相手側にできる限り大きな打撃を加えることを行動原理とすること、それが政治体制の如何を問わずいずれの国家にとっても、国民総動員の近・現代の戦争なのである。クラウゼヴィッツの洞察によればそういうことになる。

また視点を変えれば、本物の近・現代の戦争は国家という集団の沸騰状態である。国民は戦士として動員され、この沸騰状態の中に、国民も時には戦争指導者もめまいを起こす大きな渦の中に否応なく投げ込まれる。その極限に、再生不能な戦死という事態が待ち構えている。

あるときは戦勝に酔いしれる集団的歓喜と興奮が、あるときは致命的な敗北がもたらす失意や落胆が、繰り返し押し寄せる波のように、あるいは外側への視界を完全に遮る巨大な渦のように、この陰鬱な時代を特徴づけている。日中戦争と太平洋戦争が日本の歴史上に一時代を画する出来事であるといえども、「あまり知りたくない」、あるいは「語りたくない」人たちも少なくない。しかし、未来の日本を生きていく世代の人たちは、この戦争からたくさんのことを学ぶことができるはずだ。人間、国家、軍隊という組織、意思決定、責任、物事の全体と部分、長い射程をもつ戦略的思考、理性、感情、生と死、友情、忠誠、決断、運命等など。数え上げれば枚挙にいとまがないほどだ。

　森國久の詩は多かれ少なかれこの時代の戦争にかかわるものであることは確かである。国家が主唱し、メディアもその唱導に一役買った戦争賛美の雰囲気は子どもたちまで巻き込んでいた。森國久も例にもれず、兵役召集の通知を受け取ると、当たり前のこととしてこの戦争に参加し、戦場で戦った。戦いの時間の隙間を見つけては本国に残した妻の政子との間で互いの安否を気遣う手紙や葉書のやりとりを頻繁におこなっていた。

　そこまでは兵士の大半が普通にやることとである。広東での二年数ヶ月のあいだで、彼の生き方が世の大勢と異なっていたのは、戦争が早く終わること、戦争が拡大しないことを願いながら、十数編の詩のほとんどをこの時期に集中して書き残したということである。

　すでに見てきたように彼の詩を読むと、己を国家に同一化して命を捨てる覚悟を決めていたようにも思われないし、かといって戦争に反対の意思を持っていたのでもなさそうである。ではどうなのか。どちらかといえば、冷めた目で戦争を見ていた節があり、その目を持ちながら、命を落としていった戦友や、軍馬や、中国の戦争孤児への想いを詩に託(たく)しているのである。

彼が生涯で詩を書いていたのはこの時期だけである。ということは、彼にとってこの時期だけが、異境(いきょう)の地での、戦争という非日常の経験のなかから詩魂(しこん)を刺激する言葉が、次々と溢(あふ)れ出て詩魂が可視化され、客観化された唯一の時期なのかもしれない。彼に明確な方向性を持った思想、確固とした政治信条があったのでもない。むしろもっと自然な形で状況を相対化する視線が彼のなかでは育(はぐ)まれていたと表現する方が正確だ。

たとえば「戦争は憎しみと愛のカクテル」という詩では、本来なら友人であり得るかもしれない人間同士が互いに敵として武器を持って戦わなければならない不条理ないし理不尽さに彼は気づいているように思われる。それを遠回しに表現したのがこの詩ではないだろうかと思うのである。そこには国家に対する忠誠心とは少し距離を置きたい彼の心持ちが透(す)けて見える。

森國久は幸いにも太平洋戦争の開戦前に除隊となったため戦死を免れた。やがて太平洋戦争が勃発(ぼっぱつ)し、真珠湾攻撃を経てやがてミッドウェー海戦での大敗北を境に日本軍は戦力を大幅に強化した米軍に追い詰められていった。戦局が日を追って日本に不利になるなかで日本軍兵士の戦死と、追い詰められた日本軍兵士の「玉砕(ぎょくさい)」が相次いだ。思うにハノイで別れた森國久の戦友もそのうちの一人に違いない。ちなみに米軍の従軍記者、ロバート・シャーロッドはその著書を通して余すところなくこの戦争の惨状を現代の私たちに伝えている。そして地上戦での戦死や玉砕はさておくとして、戦闘機や魚雷で戦艦ごと撃沈され海底に沈んだ兵士の遺骨のほとんどは今もそこに眠ったままである。その魂は故国日本に未だ帰還していない。

思えばこの日米激突の直接の導火線となった南部仏印進駐が開始されたのは、森國久が広東から日本に帰還した翌年の一九四一年七月二十八日であった。そのとき森國久は二十九歳になっていた。熊本県南部の砥用町（ともちまち）の警察署で、帰任後の骨休（ほねやす）めをするにはうってつけの「経済係」という暇な部署に配置され、のどかな田舎町で親子団らんの平和な日々を送っていた。しかしおそらくその頃、北部仏印のハノイで互いに別れ南方戦線に送られることになった戦友のその後の消息を思うと心が落ち着かず、寝つけない夜もあったのである。[16]

考える兵士

第3章　戦場の書斎

一枚の写真は語る

ここに古ぼけた一枚の写真がある。すっかり日焼けしてセピア色だ。写っている人物は森國久本人。場所は広東省都である広州の兵舎の中の一室である。この写真にはじつにいろいろな情報が満載されている。ここで注目したいのは木製の机、書棚、書物である。この小さな写真ではよく見えないが、もとの写真は昔の銀塩写真で、しかもピントがよく合っていて、しかも粒子が緻密(ちみつ)である。

書棚の写真を一目見て私たちは真っ先に何に目がとまるだろうか。たいていの人は写真左の人物と右側の机の上の書物に目がとまるだろう。ではそこから受ける印象は何であろうか。想像力をたくましくすると、次のようなある違和感を覚えるはずだ。

ここは紛れもなく戦場の兵舎である。戦争を目的に兵隊はここに来ているはずである。戦争には難しい書物など不必要であるはずだ。ましてや日本軍の高級参謀でも何でもない一軍曹の部屋にずらりと書物が並ぶなど前代未聞だろう。高級参謀ならば話は分かる。なぜなら軍事関係の書物なら戦場に持ち込み参照することもあろうかと思われるからだ。だが森國久は一下士官である。尉官以上に昇進する可能性を本人自身想定さえしていない一下士官なのである。そのような下士官が兵営の一室で読書する姿など誰が想像できるだろうか。だが例外がいるものだ。森國久がその人物なのである。森國久はこの時点で戦場にまで書物を持ち込むほどの読書家であったのだ。

よく本を読むようになったのは旧制八代中学校に在学していた頃からだろうか。それとも卒業後に就職した「二六新報」の記者になってからのことだろうか。彼には実は、実父の誘いで朝鮮半島に渡ったとき、そこで父親の経営する会社に就職する機会があった。理由は定かではないが、彼はそこには就職せず、あえて当時の大衆紙「二六新報」の記者になった。ということは、実業界でお金を儲けることよりも文章を読んだり書いたりすることに、大いなる関心をもっていたからだろう。とすれば読書家になり始めたのは十八、九歳の頃からだろうと想像される。それほど早くなくても、遅くとも二十三歳で政子と結婚する前に読書の習慣は身についていたのかもしれない。旧制天草中学校時代の「悪ガキ」ぶりからは想像できないくらいだ。

彼は二十五歳の夏、臨時応召で二回目の軍隊入りをした。北九州の門司港から輸送船で黄海を渡り、台湾海峡を抜けて、広東省は広州の黄埔港に上陸した。輜重兵連隊補充隊の一兵卒としてここに上陸してから一年半余りが経過した頃、輜重兵軍曹に昇進した。伍長から軍曹に昇進した彼には狭いながらも個室があてがわれた。

私は緻密なできばえのこの写真を、拡大鏡を取り出してつ

兵舎のなかの森國久の書斎兼居室

くづく眺めた。眺めれば眺めるほど、また細部にまで注意をこらせばこらすほど、この上なく興味をそそられた。まるで、一匹たりとも見逃すまいと地表の生き物を探しまわる生物学者のように、写真の隅々にまで拡大鏡をあてた。

この部屋の窓辺には、木製の机と肘掛け椅子とが置かれており、机には卓上型のブックエンドが備えられていた。黒光りした縦の窓枠には、妻からの手紙の束がかかっており、厚紙の表紙をつけて綴られている。拡大鏡を眼に当ててよく見ると、その表紙には「妻からの便」と書かれている。この兵営の一室は日本軍の広東上陸と共に中国軍が、おそらく退却にともなって手放した官公庁機関の建物か兵舎の一室かもしれないし、あるいは民間の建物の一室であろう。

さらによく見るとこの写真にはいろいろなものが写り込んでいる。前述した書物のことだが、実は机の上のこの小さな書棚には、数えてみると意外にも十八冊の本がならんでいる。そこで、いったいそれらがどのような本であるのか調べてみた。

十八冊のうち七冊が『経済学全集』である。専門書である。ほかに法律の専門書もある。そしてさらに机の上には当時の

妻宛の森國久の葉書

知識人・教養人たちが購読していた月刊誌『改造』が無造作に置かれている。繰り返し読まれたせいか、その表紙の上端は反り返っている。手垢（てあか）がついている風である。何度も読み返された形跡（けいせき）がそこにはある。当時『改造』は内容的にレベルの高い雑誌であった。それを森軍曹は読みこなしていたのである。

いくつかの疑問

森軍曹が旧制中学校で経済学の専門教育を受けたはずはないので、自ら学ぼうとしたのであろう。ではいつ、またどんな動機で経済学を学ぼうとしたのであろうか。それが真っ先に頭に浮かんだ第一の疑問である。思いあたるところといえば、彼が旧制八代中学校を卒業してその年に朝鮮半島に渡り、そこで「二六新報」の記者を経験した。おそらくその頃の先輩記者仲間たちとのつきあいのなかで、そのような分野の知識の必要性を痛感して学び始めたのかもしれない。若い國久にとって話題の内容を理解するには経済学的な知識を必要としたのかもしれず、その結果、触発（しょくはつ）されてこれらの本を買い求めて読んでいたのかもしれない。

『改造』についても同じことがいえる。この雑誌は、当時においてリベラルな内容の『二六新報』を購読している読者なら、その傾向からいって『改造』の購読者でもあった可能性が大きい。もしそうならば、彼の記者仲間との交流のなかで、『改造』の記事の内容などが話題に登場していたとしてもおかしくはない。『改造』のバックナンバーの記事を検索してみると、その内容の幅広さに驚かされる。政治、経済、法、社会、文学等々、非常に多岐にわたり、高等教育を受けていない読者でも、読解力さえあればこの雑誌だけでも高等教育に匹敵する教養的、専門的知識を身につけることができたのである。

どうしてここに持ち込まれたのか

かりにそれらの出会いや経験のひとつ、もしくはすべてが彼の読書の習慣を培ったのだとしても、なお疑問は残る。第二の疑問は、十八冊もの書物が広東の一軍曹の部屋にどのようにして持ち込まれたのかという疑問である。重さもあるし、かさばりもする。門司から広東に向けて出航する前に、集合場所の所持品検査でこれらが検閲に引っかからない、ということがあり得たのだろうか。残念ながら今の時点では、この疑問の答えを見つけることができない。

読む時間

第三の疑問は、日中戦争の前線基地であるこの広東の駐屯地で、戦争という実践とは無縁の経済学や法律学の専門書や、専門的な内容もふんだんに含む評論雑誌を、一軍曹が机上でゆっくりと読む時間的なゆとりがあったのかどうかということだ。そしてもう一つ、そうであったとしても、それがなぜ可能であったのか、という疑問である。

一九三八年十月十一日に日本軍は広東攻略戦を開始し、二十一日には広東を占領し、二十九日に作戦を終了した。十五日に下涌圩に到着していた森國久らの輜重兵部隊は、作戦の主力部隊が広東の主要部分を完全に制圧してから広州市内に移動した。部隊の兵舎をあてがわれた彼らの部隊は、しばらく広州市の警備の任務に就いた。日本軍は広東を占領したのであるが、中国人の広州市民の多くが周辺山間地の日本軍の支配の及ばない地域に逃散・待避してしまっていた。したがって広東は「統治なき占領」の状態であり、問題は、蒋介石が率いる中国国民党軍が広州奪還の機会をうかがって時折攻撃を仕掛けてくるのを、北方や東北方へ押し返す必要があったことである。

　このような状況下で森國久自身、一九三九年の汕頭・潮州攻略戦では輜重兵伍長として戦闘に参加し、隊長ほか部隊の戦友を失っている。にもかかわらず、作戦行動が終了して再び戻ってきた広州の駐屯地の兵舎では、警備の任務の傍ら読書の時間を持っているのである。

　このような読書時間の余裕の背景として考えられることは何だろうか。

　日中戦争全体のなかで、華北、華中、さらに華南の南寧方面に展開する日本軍は、次第に広域化する占領地の維持に多大のエネルギーを費やさなければならなかった。日本軍は占領してはそこに守備隊を配置する。ところが、中国軍の戦略的待避の作戦を甘く見る日本軍は華北や華中の戦線で作戦を次々と繰り出すものだから、そのような占領地の安定的な維持が日増しに困難にもなっていった。

　それに比べて広東に展開する日本の第二十一軍は、もともと中国内陸部深くで展開する日本軍の作戦行動を〈後方支援〉ないし〈側方支援〉する任務を帯びていた。つまり最も重要な援蔣ルートであった広東を占領し、それを防衛するための治安戦を展開するのである。それは平野部に降りてくる中国軍を丘陵山岳部に押し返し追撃するのである。というわけで内陸部の大規模作戦を主導する立場にはなかった。あったとすれば南寧・賓陽作戦くらいのものである。したがって広東の第二十一軍は、重慶に拠点を移した国民党政府へ欧米が軍事援助を行う陸と海からの援蔣ルートを絶つ作戦の一翼を担うことにほぼ専念した。そしてやがて日本軍の南進戦略の線上で、第二十一軍は来たるべき仏印進駐に備える軍団でもあったのである。仏印進駐作戦については第Ⅱ部第5章において少し詳しく触れる予定なのでここでは割愛する。

このような次第で、國久の所属する兵站部隊も含めて、広東に駐留していた第二十一軍は、南寧・賓陽作戦を除けば、中国軍と「常時」対峙して激しい攻防戦を繰り返す状況にはおかれていない。このようなことが森國久に時間のゆとりをもたらしたに違いない。また南シナ海には日本海軍が展開しているので、いざというときには援軍を期待できるという地政学的な優位さがもたらす気持ちのゆとりもあったであろう。

こういう条件に恵まれていたとはいえ、森國久が、この日中戦争のさなかにおいて経済学や法律学の専門書を読み、雑誌『改造』を熟読していたことは驚きである。彼が戦地で詩をつくり、随筆を書いていたという事実と合わせて考えるとき、私の脳裏には次のような想像が浮かんでくるのである。

全体を俯瞰するまなざしと型破り

彼は確かに一軍曹として、司令部の作戦命令に従い、時には苦しい戦いを遂行する「帝国軍人」であった。翁英作戦への参戦はその最たるものだ。と同時にもう一方では、四六時中の熱誠の戦士ではなく、日中戦争全体を一つの「出来事」として俯瞰する冷めたまなざしをもつ一人の人間であった。戦地での彼の読書生活は、そのようなまなざしを養っていたに違いないと思うのである。

そういう彼の心の余裕は、自らが軍曹として率いる小隊の兵士たちの慰安・娯楽の時間をとるよう常に配慮していたことにも表れている。彼はこう記録している。「私達は息詰まる戦線から戦線への暇に、こうして自己を慰安するのだ」と。実際、たとえば翁英作戦における激しい攻防戦ののち山中で正月を迎えることになったとき、そこで彼は小隊の戦士と共に仮装の余興に興じたり、松竹梅の飾り付けを楽しんでいるのである。そういうことを「不謹慎だ、ふざけるな」と怒鳴りつける軍曹ではなかった。部下たちと一緒に、むしろ彼自ら率先して余興に打ちこんでいるのである。

彼が書き残している余興の例を一つあげよう。あるとき彼は、部下たちの視線を浴びながら、幕末期の維新派に対抗する京都所司代の新撰組隊長、近藤勇に扮した。場所は広州の駐屯地か、あるいはどこかの戦場なのかは分からないが、作戦が一段落し警備の任務に就いている広州市内である可能性が大きい。そこで頭は鉢巻きにチョンマゲのカツラをかぶり、羽織袴姿で、腰には刀を差すという出で立ちである。この姿で國久は、自ら振り付けを行い演出した剣舞を披露している。このときの森軍曹には、五十人の兵卒を率い、容赦なく部下にビンタを食らわせる、いわゆる「鬼軍曹」の姿のかけらほどもないし、そもそも「鬼軍曹」とは縁遠かった。

戦場での仮装芝居。余興に興じる森國久（後列右から2人目）とその部下たち

アルバムには演目リストが書き込まれている。彼のメモ書きによると、次の通りだ。

一・南支に上陸した近藤勇
二・コテツで狐を切った近藤勇
三・クリスチャンの近藤勇
四・余り女に好かれない近藤勇
五・石川啄木と近藤勇

近藤勇は自分、つまり森國久のことである。「コテツ」は徳川幕府の時代、江戸を代表する刀工、長曽祢虎徹（ながそねこてつ）が製作した地鉄が緻密で切れ味がひときわ鋭い、あの名刀（めいとう）のことであろう。胸に紙製の十字架をぶら下げて「クリスチャンの近藤勇」と名乗るのだが、これは一体いかなる意味なのか。彼はクリスチャンではなかったのであるが、当面の敵である中国国民軍の後ろ盾の英米仏はクリスチャン国家である。そのことを彼は承知の上で「クリスチャンの近藤勇」と自分を重ね合わせているのである。このような言葉の使い手は並のものではないと思う。最後が「石川啄木（たくぼく）と近藤勇」という組み合わせだ。石川啄木は言わずと知れた日本近代の代表的歌人である。彼の没年と森國久の生年は同じ一九一二年（明治四十五年）であることを意識していたのかもしれない。啄木の詩歌にも森國久は関心があり、心惹かれるところがあったのだろう。

一人芝居を演じた森國久

右にあげた演出のメニューを演じて、戦場でつらい行軍を続けてきた部下の兵士たちの緊張をほぐした森國久軍曹であったのだが、そのような振る舞いはリーダーたるものの大切な心得の一つともいえる。それにしても当時では、それはおよそ「帝国軍人」らしくない行動だ。しかもここで不思議に思うのは、こんな衣装や道具を彼がどこでどう調達したのかだ。応召に際して、門司港から兵員輸送船に乗り込むときに彼が荷物の中にそれらを忍び込ませたのだろうか。そうだとしても所持品検査に引っかかり、没収されなかったのだろうか。

あるいはもし彼自身が日本から持ち込んだものでないとしたら、彼が所属した渡河材料中隊には公の兵士慰労用具として常備されていたのだろうか。

真相は分からないのであるが、彼がこのような衣装を着込み、幕末の京都所司代新撰組隊長、近藤勇に扮して自作自演の剣舞を部下の前で演じたという事実に驚かざるを得ない。やはり彼は異色の軍曹、〈帝国〉軍人であったと言うほかない。

これとは反対に戦争を知らない筆者がみたところ、戦後著わされた戦場体験回想記などはおおかた悲壮感や被害感情、狭苦しい軍人魂、不都合の事実は隠したままの武勲の記録が大半を占める。

それはそれで、多くの兵士にとって戦場の体験が、自らのアイデンティティの核をなしているらしいことはよく分かる。ほかに代わるべきものがなければそうだろう。当時の多感な青年期の、しかも仲間と生死をくぐり抜けてきた強烈な戦場体験は、彼らのアイデンティティの核となるにふさわしいのかもしれない、と思えたりする。少なくとも戦争を知らない私のような世代の人間は、想像力で補いながら、半ば同情的にそう思ったりもする。

けれども同時に、その経験を持たない者には、あるときは砲弾の着弾のたびに砂塵が舞い上がり硝煙のくすぶる野戦の荒野で、生身の体が激突する白兵戦、またあるときは軍艦の甲板上で肉片と血しぶきが飛び交う戦場体験の、すさまじいとしか形容しようのない語りには本当に気が滅入るし、敵を何人殺したかの自慢の武勇伝に辟易することが多いものだ。

ところが、森國久は不思議とそのような点については多くを語らないし、ごくわずかに触れることはあっても、大げさに語らない。しかも作戦の成功でさえ決して声高には語らない。むしろ自らも参加した作戦で味方の兵員が銃弾に斃れたことに心を痛める。

「戦場の生活も日常生活だ」と言い切る森國久は、平凡な一庶民が応召を受けて軍人となった幾十万、幾百万の軍人のなかで、戦争との距離の取り方という点において、時代の常識を〈密かに〉突き抜けていた、と私には感じられる。しかもそこで、彼という人間にそのような姿勢をとらしめた人間的基盤は彼の読書生活だったのではないか。

人間は往々にして自分でも気づかないうちに彼（彼女）が生きる社会の集合意識（規範や価値）に縛られている。言い換えれば時間

兵営近くの広場で草野球を楽しむ

と空間の制約を強く受ける。いわば世間の常識に縛られて生きている。見えざる「同調圧力」の空気を呼吸しながら生きている。ところが読書、とりわけ「良い」読書は人間の意識をそのような時間と空間の縛りから自由にする働きをもっているのである。読書から得られる力は、時と場所に規定され、したがってまた他者との関係性に規定される一人一人の人間の経験の限界を、一時的であれ日常性から引き離し、その限界を突き破る力である。さらに言うならば、彼（彼女）に、想像力という翼をつけて大空の高見に向かって飛翔する力を与えるのだ。

このように考えると、頭脳の片半分だけを使って下士官としての軍務に励むとき以外は、規範や価値への同調圧力から自由になり、読書の世界に没入し詩想を羽ばたかせることのできた森國久は、やはりある意味において無名にして非凡な、時代の渦の中に居ながらにしてその渦を眺めることができた〈大日本帝国軍人〉の数少ない《勇士》の一人ではなかったろうかと思えてくるのである。

第4章　友よ—回想と悔恨と

一人一人の人間の一生というものは、偶然で始まり、偶然と意志の連鎖で紆余曲折を経ながら、再び偶然で終わるものだ。必然は見通し時間の奥行きの長さによって決まるのであるが、それを観照し予見できる者は地上には存在しない。

記憶の忘れがたさ

森國久は北部仏印進駐作戦に参加したのち、一旦は広東の広州に帰任した。そこでおよそ二ヶ月、広州の警備の任務に就いた。そして一九四〇年十二月十四日に広東の黄埔港から兵員輸送船に乗り、十二月二十四日に広島県の宇品港に上陸した。上陸後は西部二十四部隊樋田隊に帰隊して十二月三十日に召集除隊となった。年が明けて熊本県警に復職して間もなく、阿蘇山南麓にあるのんびりした田舎の砥用警察署に配属された。森國久はしばらくの間、戦地から持ち帰った写真や妻の政子に宛てた葉書や写真の整理をしたり、短い文章を書いたりする時間をそこで持つことができた。しかも親子三人の水入らずの家庭生活の幸せを森國久は久しぶりに実感したことだろう。

確かに森國久は砥用町での、ゆったりとしたテンポの仕事でも定収入が得られる安心と、妻子との家族団らんの生活を通して、子ども時代には味わったことがないような家庭生活の幸せを噛みしめていたことだろう。まさに平穏に「今を生きる」ことの喜びに浸ることが多かったに違いない。だが同時に彼のゆたかな想像力は、特に彼が一人の時間を過ごすときなどには、彼が今の幸せの上に安住することを許さなかったように思われるのである。

数少ないが彼が書き記したものを読み返してみると、この平穏な時間の経過のなかで味わっていた心の風景が浮かび上がってくるのである。それはふと思い返せばいまだに生々しくもあり、かつ平穏な生活によって薄められがちになり、あるいはその影に隠れてしまいそうになる中国華南での戦友との固い絆で結ばれた戦争体験の記憶との間合いを、森國久がとりかねている心の風景であった。

人の記憶は時間の経過とともに次第に遠ざかりはする。人は言う。「済んだことはもう忘れなさい」と。「忘れ去る」ことが精神的・心理的負担を軽くしてくれることもあるからだ。しかしそれさえ、われわれの頭脳から完全に消失したわけではない。想起しないでおこうとする空しい努力に過ぎない。ましてや人間が互いに支え合った苦難の体験の程度が強く、現在の己が置かれた平穏な状況との落差が大きければ大きいほど、運命の岐路が友情を引き裂こうとする事態に抗おうとする人間の意志は、悔恨の感情をかき立てるものだ。そのような記憶は忘れ去ろうにも忘れがたい。

兵役を解かれた森國久は熊本県警に復職したので、一九四二年六月のミッドウェー海戦の大敗北以降、兵士たちが玉砕という痛ましい最後を強いられた相次ぐ日本軍の惨憺たる敗北戦に、現役兵として参加しなかったのは、今日的観点からすると幸運であった、ともいえる。しかし彼にとって、その幸運は安堵の気持ちでほっと胸を撫で下ろせるような単純なものではなかった。彼は戦地から本国に帰還して、一人で時間を過ごすときなどに、自らと異なり未だ戦地にある戦友や部下のことを、ときどきふと思い出した。

ハノイの夜の思い出と友の安否

写真を手に取り眺めていると、思い出は降る星のように、次から次へと森國久の脳裏から意識の表面にとりとめもなく浮かび上がってくる。

広東に駐留する第二十一軍指揮下の輜重兵部隊に所属していた森國久が最後に参加した作戦は、一九四〇年九月二十三日に開始された北部仏印進駐作戦であった。武力では圧倒的に優勢な日本軍が、強硬派の軍司令官の指揮下で武力進駐し、応戦しようとしたフランス軍を沈黙させ、日本海軍機がハイフォン港を空爆して進駐支援を行った。作戦の決着がついた段階で森國久が属する輜重兵部隊はハイフォン港に輸送船を着岸させ、クレーンを動かして銃・弾薬や軍馬などを陸揚げした。

ハイフォン（海防）港での軍需物資の陸揚げ

進駐開始の数日後から十月はじめまでの十数日間、ハイフォンとハノイに滞在した。戦闘に参加する機会はなく、それはこれまでの戦いの疲れを癒やす休息の日々であったようだ。

瞬時に生死を分けるような厳しい環境のもと、硝煙が立ちのぼる空の下で苦楽を共にした戦友は終生の友となった、という語りは多くの記録に残されているが、國久の場合はどうであったのか。森國久が日本に帰還した翌年の一九四一年のことだろうと推定されるが、赤道直下から森國久宛に一通の便りが届いた。

苦楽を共にし、ハノイでつかの間の平和の幸せを噛みしめたあの戦友から送られてきた一枚の写真葉書である。背後に赤道と書かれた標識が軍服姿の戦友（年齢はおそらく二十代後半）の姿と共に写っている。彼は南部仏印を経由し、ついに赤道に到達したのである。懐かしい便りであった。だが消息はこれを最後に途絶え、その後も便りが届けられることはついになかった。

赤道に到達した戦友の最後の姿

阿蘇南麓の自宅でこの写真を手に取りしげしげと眺めながら、森國久は過ぎ去ったあの日のことを思い浮かべた。仏印進駐後、南十字星の輝くハノイの街のカフェで給仕をしてくれた、ベトナム人とフランス人とのあいだに生まれた可愛いあの「混血娘（こんけつむすめ）」（森國久が別の手記で用いた表記のまま）のことを友人がひどく気に入っていたこと、そこで一度ならず食事をし酒杯を傾けながら歓談して過ごしたあの平和なひとときのことを森國久は思い出していた。オランダ領東インドの赤道直下、友人は「赤道」と漢字で大書された標識を背に写真に写っているではないか。戦友は南部仏印の作戦に参加し、さらにオランダ領東インドの戦線に加わったことがその写真から分かる。だが、友からの便りはそれが最後であった。

南十字星が輝くハノイの夜の街のカフェで共に過ごしたあの平和なひとときは至福の時のように思い出される。それだけになお一層、彼のその後の消息が気になっていた。森國久は夜になると何度も思い返した。つかの間の出来事であったが、南十字星の輝く夜のハノイのあのカフェで、今となっては懐かしい翁英や汕頭での参戦経験と、生きて日本に帰還できた暁の抱負を語り合ったひとときは、偶然が二人の運命の明暗を分ける別離の前夜でもあったのだ。つくづくそう思うのであった。彼はこの駐留期間中に、十二月末になれば兵役義務を解除されることに決まっていた。それまでに本国に帰還するよう指示連絡を受けていたのである。自らは安全地帯に、友は戦死を覚悟して危険地帯に。繰り返しになるが、森國久は予定通りハイフォン港から海路で広州に戻り、そこで数ヶ月警備の任務に就いたのち、黄埔港から兵員輸送船に乗り込んで広島の宇品港に上陸したのである。

一人の兵士の運命が「国家の意思」—分解してみれば往々にして一握りの軍事エリートの意志、ある意味においてそれは一時の気まぐれの偶然—に左右される。そのような時代がもう長く続いてきた

し、これからも続くようであった。「国家の意思」がすべてに優先した。日本の枢軸国ナチス・ドイツがフランスに打ち立てた傀儡政権であるヴィシー政府。その監督下にある仏領インドシナ北部に日本軍は年が明けて六月になっても駐留を続けていた。日本の戦略目標はオランダ領東インドの豊富な天然資源であったので、次の作戦計画は南部仏印に進駐し、そこから海路、南シナ海を渡り豊富な天然資源を埋蔵するスマトラ、ジャワ、ボルネオ島を攻略し、占拠することであった。

一九四一年六月二十六日に、日本軍は華々しく南部仏印進駐を決行した。これによって日米関係の悪化は決定的となった。十月十八日には東条内閣が成立し、十一月二十六日にはアメリカが日米開戦を決意して、日本に最後通牒であるハル・ノートを手渡した。これによって日米の決裂は決定的となった。

この少し前にアメリカ軍は日本軍のあいだで使われていた暗号の解読に成功し、日本軍の作戦や動きを事前に察知することができる状態になっていた。しかし米軍側にはその条件を活かせるほどこの段階では臨戦態勢が整ってはいなかったのである[17]。

十二月八日、日本軍はハワイの真珠湾を奇襲攻撃し、アメリカ軍に大きな被害をもたらした[18]。アメリカはこれをきっかけとして日本に対して宣戦布告した。勢いづく日本軍は十二月十日、マレー沖会戦で大戦果を収め、年明けて一九四二年二月、日本軍はジャワ沖海戦、スラバヤ沖海戦、バリ島沖海戦など太平洋各地で立て続けにめざましい「戦果」を収めた。太平洋戦争の初期にはアメリカ領のミッドウェー島、グアム島、フィリピン諸島で、オランダ領東インド、ボルネオ、イギリス領シンガポールの攻防戦で日本軍は優位に立ち、米英の戦艦は相次いで撃沈された。

しかし、真珠湾の敗北を喫したアメリカは装備の劣勢を痛感し、兵器の改良と大増産を加速度的に推進した効果が現れだし、暗号解読技術を基盤に、緻密で大規模な反攻計画を実行に移したのである。その結果、翌一九四二年六月五日のミッドウェー海戦では日本軍がアメリカ軍に大敗した。ほぼこれを境に日本軍は、成功を収める作戦もあったが、全体としては快進撃は阻止されはじめ、日本軍は各地で苦杯をなめる戦闘が次第に増えていった。(19)

森國久がハノイで別れた戦友からの葉書を受け取ったのは、日本軍の右の動きから見て早くて一九四一年十二月半ばからミッドウェー海戦で日本が大敗する一九四二年六月までのことであったと推察される。

「どうか生き延びていてくれ」、と天に祈っていた森國久であったが、風の便りによれば希望の灯は風前(ふうぜん)の灯火(ともしび)も同然であった。もし生きて日本に帰ることができていたならば、終生の友になるはずであった戦友。しかも國久にとって、友の戦死という事実を実感的に確認できないもどかしさは如何ともしがたい。戦時下とはいえ、そのことが戦火とはおよそ無縁の環境下で平穏な家庭生活を送る森國久の心に一筋の影を投げかけるのであった。

幸せであることの苦しさ

森國久は広島の宇品港に上陸して熊本に帰還してから、戦場の死とはおよそ無縁である平穏な日々を過ごすのであるが、自らの幸運を心の底から喜べないという感情を抱いていた。彼はアルバムにそのことを示唆する一文を書き残しているので、それを紹介しておこう。アルバムに貼られた写真は翁英作戦のときに森國久が部隊の仲間と共に苦しい行軍をしていた様子を記録する夕暮れの写真である。

「翁英作戦は苦しかった。思い出の数々は身を切るものでしかない。でも、今こうしてこの写真を見ると、外の人の写真のような遠いものでしかない。それは決して戦ひを忘れたものでもない。だが而して銃後の幸せな毎日に、そうした翁英であったことを忘れておるのではないかと驚き、慌て、羞じ、戦友にすまぬ気で、身を切られる思いがする」

除隊になり、熊本県警に復職してから、広東時代を振り返り、広州市北方の山稜で冬のさなかに展開された翁英作戦の記録写真の一枚に書き添えた言葉である。モノクロの小さな写真だ。行く手を遮るかのような奇怪な形をした山嶺が背景に写るなかで、もうずいぶん長く歩き続けてきた輜重兵部隊の一行—森國久とその戦友や部下たち—は道の傍らでしばしの休憩を取っている。戦友の「その後」のことは書き添えられていないので詳らかではない。だが想像するに、「翁英であったこと」を共通体験としながら、その後、國久の戦友のうちの一人は南部仏印を経由してオランダ領東インド、ニューギニア、あるいはフィリピンの戦線で、明日の命が見えない戦いに挑んでいたかもしれない。この添え書きは、生きて再び日本の土を踏むことができなかった戦友への切々とした思いが伝わる一文である。

翁英作戦は我慢強い國久でさえ、苦しい戦いであったようだ。その苦しい戦いを互いに支え合った戦友たちの思い出の数々が脳裏に次々と浮かんでくる。川を渡り、日が暮れると敵からの狙撃を警戒しながら野営する。河原の石を枕にして眠り、目覚めてはまた行軍する。急峻（きゅうしゅん）な山稜の狭い道。そこを武器弾薬と食糧を担ぎ、軍馬を引き、船を担いで行軍するのである。苦しくないはずがない。

戦時中とはいえ、のどかな阿蘇南麓の砥用（ともち）町のこと。夜ともなれば聞こえてくるのは谷川の瀬音くらいのものだ。一人になると家の一室で写真や葉書を整理する手を止め、しみじみと写真に見入る森國久。その意識のなかで過去と現在が激しく交錯する。自らは今こうして兵役を解かれて銃後（じゅうご）の平穏な暮らしに安住している。ふとペンを置くと戦地でのいろいろな思い出が浮かび上がる。その思い出は懐かしい。けれども今の我が身を省（かえり）みれば「思い出の数々は身を切るものでしかない」。戦場で未来を断たれた友とは反対に、自らは幸せな家庭のなかで何の心配もなくぬくぬくと生きている。そういう思いが意識の深層から押し止めようもなく湧き上がってくる。思い出はこの意識の引き金になり、「身を切る」ものでしかなく、懐かしさを打ち消してしまうような切ない思い出へと姿を変える。

「翁英であったこと」は戦友と共有する無形の宝であった。それを意識の奥深くに刻印しておくことは、彼らとの暗黙の約束であったかのように森國久には感じられたのであろう。それが「銃後の幸せな毎日」に慣れ親しんでしまうと、その約束を忘れてしまいそうになる。家族と共有する幸せな時間は進行中の今だ。今が生活の主軸となると、友との約束を忘れてしまいがちになる。ある瞬間、「忘れておるのではないか」と自問し、「銃後の幸せな毎日」のゆえに忘れかけている自分に「驚き、慌（あわ）て、羞（は）じ」るのである。そして、「戦友にすまぬ気」になる。そのとき森國久は「身を切られる思いがする」のであった。

まことに森國久の人間味の奥深さを感じさせる言葉である。

人間・森國久と詩人の魂

彼はのちに政治家となった。政治家となる以前からそういう要素はあったが、政治家としての彼は相手の地位の高低を意に介することなく、また忖度することなく、堂々と持論を主張できる人間であった。論理は明快。熟慮した内容を筋道立てて説明し、相手を説得する弁論の術は人後に落ちなかった。彼の弁論は立て板に水のようだと評されたが、熟慮に裏づけられ、かつ忖度なしの弁論だから当然であろう。しかも一度合意すれば速やかに実行して成果を出す。言行一致が彼の信条であった。表面に見えるがままの彼の一面を見る限りでは確かにそうである。

ところがこの章で見てきた森國久の意識の深層にひそむ感情と言葉が絡み合った澱を、このように正直に見せられると、私は彼のことを《詩人の魂を持った人間》と叫びたくなる。「感情と言葉が絡み合った澱」と呼んだが、この澱は並の澱ではない。キラキラと光るモノを含む澱である。彼は玄人の詩人ではないが、確かに詩人の魂を隠し持っているのだ。とても既成の器に入れて測れる人間ではないことが分かってくる。

たとえば雪が降る日、つかまえた殺人容疑者を警察署まで連行していく途中で寒さに震えるのを見るに見かねて温泉に入れてやった。こんなことをした警察官など、古今東西見わたしても、前代未聞だろう。警察官の服務規程からすっかり逸脱している。明らかになれば厳しい処分を受けるだろう。

また取調中の被疑者にミカンを食べさせたり、蚊取り線香を自分の足元から被疑者の足元にそっと押しやるなどしていた。通常では考えられないような警察官らしからぬ行動だ。彼はそれを、さも当たり前であるかのようにしていたのである。容疑者にはできる限り厳しい態度で臨むべきだと考える上司からみればそれは苦々しい光景であったろう。だが森國久にとっては、そのような行動は、警察官も人間ならば被疑者も人間、そこには隔てがないはずだという信念に裏打ちされたごく自然な行動であったのだ。

森國久という人間を知る上で次のようなエピソードも参考になる。

森國久が天草の龍ヶ岳村（現在の上天草市龍ヶ岳町）の村長をしていた頃だが、天草の龍ヶ岳村出身の人間で、のちに農民作家になった島一春という人がいた。貧乏のどん底にあって結核にかかり、ますます貧乏になった。作家になることを夢見ながらも死の影におびえて生きていた。絶望の淵(ふち)に立たされていた島は窮状を訴えるために「かつての政敵側」の森國久村長に手紙を書いた。前の村長選挙の際に島は森國久の反対陣営の熱心な運動員であり、森國久はそのことを知っていた。手紙を受け取った森國久はまもなく彼の家を訪ねた。まさかの訪問に島は驚いた。玄関の土間に立っていた森村長は作業服に長靴という出で立ちである。森村長は笑顔ですぐ用件を切り出し、援助の手を差しのべることを約束して帰った。島はどれだけ勇気づけられたことだろう。島が生活保護を受給できるようになるのにそれほど日数はかからなかった。

後年に「農民文学賞」を受賞して作家デビューした島は、森國久が急死してずいぶん経ってから、ある地方紙に「竹と鉄」と題する連載記事を寄稿した。それは竹のようにしなやかな感性と鉄のように堅い意思とをあわせもつ人間として森國久のことを回想する追悼エッセーであった。このエッセーを読んで涙しない人はいないだろう。

そのとき島の胸の内にあったのは何だろうか。振り返れば、島の「農民文学賞」の受賞を誰よりも喜んだのは森國久であった。早速、森國久は村の青年たちを励ますために初の村民文化賞を設けた。その受賞時に、念願の作家デビューを果たした直後の島は少し思い上がっていたのであろう、目の前の森國久に向かって村の文化行政批判をおこなったのである。そのとき島は人間的に未熟だったのである。けれども森國久は、島の人間的未熟さに寛容の態度で応えた。それを振り返り、結核で苦しんでいたときの自分に対する森國久の人間愛に対する感謝と、村民文化賞受賞時の自分の思い上がりに対する自責の念が入りまじった気持ちを、島は胸の奥深くに抱え続けたのだと思う。

作家活動をするために故郷を離れた彼は、その後森國久に感謝と申し訳ない気持ちを打ち明ける機会を失したために、哀しいことに森國久の死後にしかその気持ちを表現できなかった。執筆の動機にはそのことへの島の悔恨の情を吐き出したい気持ちが強くあったと思われてならない。夜空の星のようにそこに輝いているのは、人と人とをつなぎ、人を支えてゆこうとする森國久の「人間共感力」であり、しかも「人間共感力」を保ちながら、おいそれとは状況に流されてしまわずに遠い目標、遠い理想を追い続ける、そういう人間が森國久自身にほかならない。彼は詩人の魂を我がふところで温め続け、かつそれを晩年に至るまで政治実践を通して具現し続けた政治家であった。そして政治家である以前に共感力ゆたかな人間であったことを重ねて確認しておきたい。

将来の日本において森國久のような人物が政治家の大半を占めるとき、住民も国民もきっとみな一緒に幸せになることができると信じる。

第Ⅱ部　戦争との距離

――華南の大地で

兵役召集を受け入隊する日の森國久

序章　森國久が参加した戦争・作戦

広東の地理的位置

すでに記したように、一九三八年十月一日、森國久を乗せた輸送船は北九州の門司港から二週間かけて、南支の広東に到着した。彼が上陸する直前に広東攻略戦は終了し、日本陸軍の第二十一軍の司令部（司令官は安藤利吉中将）がここに置かれることになった。ここで、広東省や第二十一軍の司令部が置かれていた広州の地理的位置について概観しておきたい。

森國久が初めての中国に輸送船から降り立ったのは、広東省の省都である広州の港、下涌圩（かようう）である。下涌圩というのは珠江（しゅこう）が形づくった一大デルタ地帯の河口に近い地域の一角にある港である。広州のはるか西方の貴州省の山岳地帯に源流をもつ西江、北方の南嶺山脈に源流をもつ北江、そして東方の武夷山脈に源流をもつ東江がこのデルタ地帯で合流して珠江となる。これら三大河川を

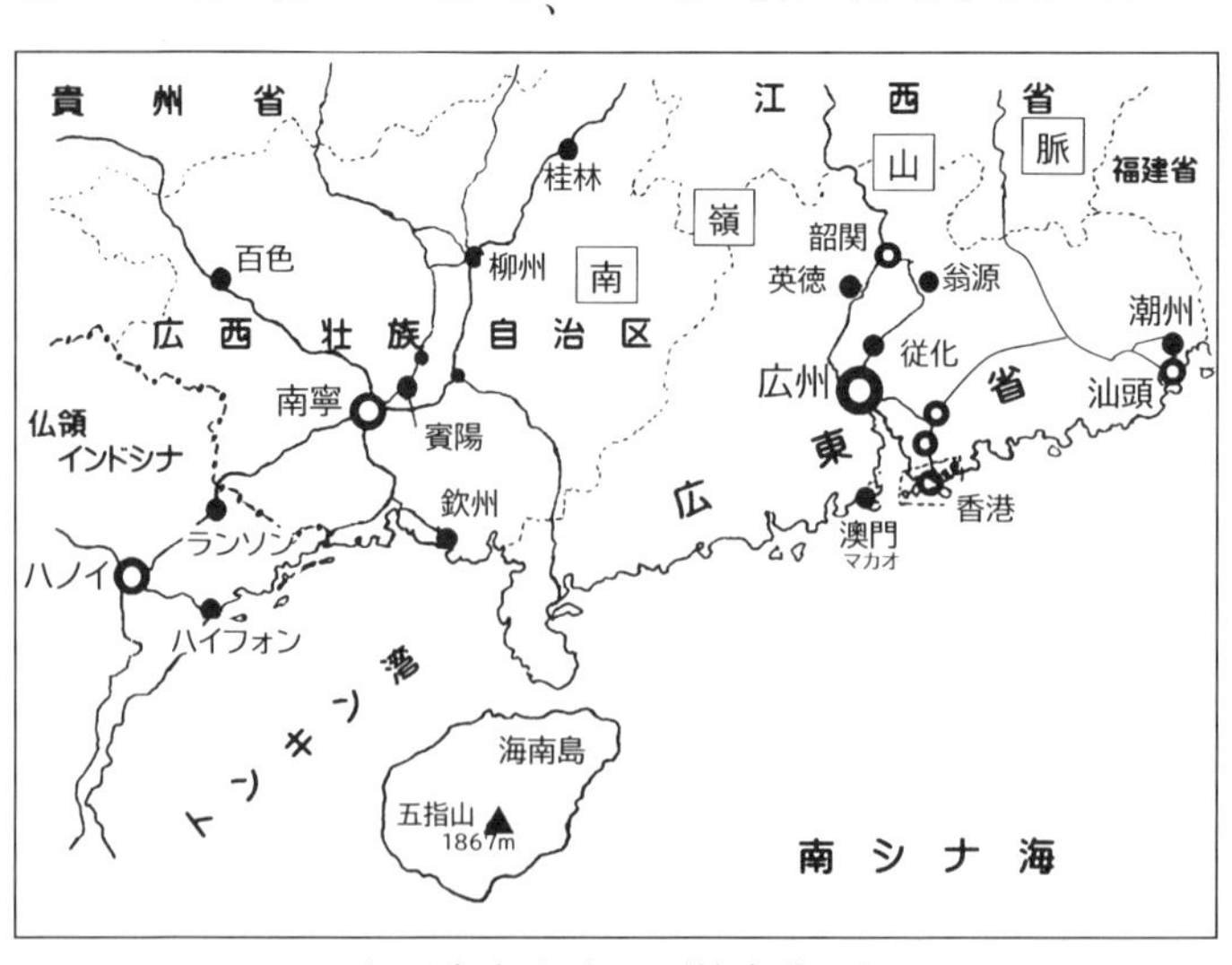

中国南支広域図（筆者作図）

支流とみなせば、流域面積でいうと珠江は中国有数の大河である。珠江は広大な河口をもち、大型船舶が着岸できる港がいくつもあった。下涌圩はその一つである。

國久が属した輜重兵第六連隊補充隊・第二十一渡河中隊はこの港に上陸後、陸路で広州市街に移動し、市内の兵営に落ち着くことになった。その後、一九四〇年十二月末に日本国内に帰還するまでの二年三ヶ月、ここを拠点に彼は数多くの作戦・会戦に参加し、ここで詩も書いた。

参加した作戦・会戦の概要

以下ではそれらの作戦・会戦のあらましを、森國久が関わる限りの範囲で、時間の経過に沿って描いていきたいと思う。

まず森國久が参加した日本軍の作戦・会戦をすべて記しておこう。そのあとで個別に、それぞれの作戦・会戦と國久の足跡（そくせき）を追うことにする。私見も加えた記述にあたっては国立公文書館アジア歴史資料センターの詳細な資料、越智春海（おちはるみ）氏、中野五郎氏の著作が特に参考になったが、同時に森國久のアルバム、軍隊手帳の記録も作戦参加時の足跡の考証に役立てた。

さて第一の作戦は、台湾島の北辺に位置する淡水（たんすい）で実施さ

機関銃の射撃訓練をおこなう森國久（右から3人目）

れた残敵掃討作戦である。第二の作戦は、広東の東方ならびに北北東方向の増城等でおこなわれた戦闘である「増城東北方作戦」。第三の作戦は、國久所属の部隊からも少なからぬ戦死者を出した広東省東部の沿岸部で展開された汕頭・潮州攻略戦である。第四の作戦は、広東市街地中心から北東方向の従化付近の夏期戦闘である。第五の作戦は、広東省北部山嶺地帯での翁英作戦である。第六の作戦は、華南の戦略的要衝であった南寧の攻防をめぐる賓陽作戦である。第七の作戦は、広東省北部山嶺地帯での良口会戦、最後の第八の作戦は、北部仏印進駐作戦である。

森國久は二十六歳から二十八歳にかけて、まる二年三ヶ月の間に、以上の八作戦・戦闘に参加した。

華南の作戦・会戦における輜重兵部隊の任務

個別の作戦、戦闘の内容に立ち入る前に、輜重兵部隊が華南の地でいかなる任務を負わされた集団であったのか、ということについて説明しておきたい。

もと広州は一九一一年に孫文が広東蜂起を企てた辛亥革命の先駆けとなった都市である。一九二一年に彼は市内越秀山麓に広東中華民国政府を樹立し、自ら非常大総統になった。その後ある時期、この地は中国国民党軍と毛沢東率いる共産党軍の間で国共合作が成立し、黄埔軍官学校なども設立された。ちなみにこの学校の建物は今も珠江の畔に黄埔軍校記念館として残されている。ところが孫文没後、両勢力は決裂し、その虚をついて一九三八年十月、南方進出への足がかりとするねらいで日本軍が占領するところとなった。

一九三八年十月十五日に、南支下涌圩に上陸した國久たちの一行はそこでしばらく待機したのち二十八日に広州の駐屯地に移動した。では森國久らが属する輜重兵部隊のここでの任務は何であったのだろう。それは第一に、このような広東省の省都であり、かつ日本軍の司令部が置かれている広州市の警備をおこなうこと、第二に広東省内の占領地を中国軍から守るための治安戦に参加すること、第三に、広東省以外の、南方方面の作戦に必要に応じて参加し、兵站・補給を担うことであった。

第1章　台湾―淡水と広東―増城での作戦

台湾島北部、淡水での作戦参加―一九三八年十月から同十一月まで

それでは第一の作戦参加のことから記す。十月二十八日に広東の駐屯地に入営した森國久らの輜重兵部隊は、兵舎で旅の荷をほどいて一休みしたのもつかの間、翌月の十一月十六日には台湾の淡水に向けて広東を出発している。まる五日間かけて海路で南シナ海から台湾海峡を通過し十一月二十一日に台湾北部の淡水にたどり着いた。この頃の淡水は暑くもなく寒くもない比較的穏やかな気候である。

今日の台湾の首都である台北を貫流する川に淡水河（たんすい）がある。台湾は小さな島国であるが高山もある。「雪山（しゅえ）」は標高三八八六メートルもあるし、「玉山（ゆー）」は三九五二メートルもある。その高山には冬ともなれば深い雪が積もる。亜熱帯気候にもかかわらず深い積雪が見られるのは、アフリカのキリマンジャロ山が雪を頂くのを知るならば、驚くことではないのかもしれない。この島には高い山があるということである。意外である。

この山中に水源を持つ河があの淡水河である。私も二〇〇九年に一度訪れたことがあるが、淡水河は台北の市街地を抜けて海が近くなるとその川幅が一挙に広がる。ゆったりとした流れに水鳥が戯れるさまは一幅の絵になる。そのあたりが通称「淡水」と呼ばれ、憩いの場として台北市民に親しまれている。

この風光明媚（ふうこうめいび）な淡水でかつて中国軍と日本軍のあいだで兵士が戦火を交えたとは想像しにくい。な

ぜならば台湾は当時、日本領土に属し、台湾総督府によって比較的安定した統治がおこなわれていたからである。が、東シナ海から南シナ海にかけての長大な沿岸部の制海権を確保しようとした日本軍は、台湾上陸を企てた国民党軍をこの地で追撃したのである。わずか二日足らずで作戦は終了したので、それほどたいした抵抗はなかったのであろう。十一月二十三日には淡水を出発して広東への帰路についている。広東に着いたのは十二月五日である。天候のせいなのか、意外と帰路には時間がかかったようだ。広東に到着すると、一休みする間もなく翌日から広東警備の任務に就いた。

第二の作戦―増城東北方作戦―

森國久が参加した第二の作戦は、増城(ぞうじょう)東北方地域で展開された「増城東北方作戦[20]」である。日本軍の広東攻略により広州を奪われた中国軍は広州奪還をねらい、そこを守備する日本の第二十一軍に対する撹乱陽動作戦の一環として、北部や東部の山稜地帯から時折南下あるいは西進して広州守備の隙(すき)を突こうとする動きを示した。この作戦はこのような動きに応戦するねらいがあった。

暦が一九三九年の初日を刻んだ。南支の正月は日本本土のような正月気分は味わいにくい。が、ともかく平穏な正月を國久は兵舎の中や警備担当の市街地で過ごすことができた。華中では激しい軍事衝突が続いていたが、南支に関してはつかの間の平和があった。三月の半ばに國久は輜重兵伍長に昇進した。

南支の冬は穏やかであるとはいえ、春の到来はやはり待ち遠しい。ところが四月十一日、予期せず國久らの輜重兵部隊に命令が下った。派遣されていた斥候(せっこう)兵から国民党軍の不穏な動向についての知らせが司令部にもたらされたのであろう。久納兵団が増城東北方地区で国民党軍との戦闘に入る予定なので、その戦闘に参加せよとの二十一軍司令部からの命令である。そこで広州を四月十四日に徒歩で出発し、二日間かけて十六日に大楼に到着し、そこから派潭墟、東洞付近、および羅浮山付近の戦闘に参加した。

　地図を開いて眺めると東洞は、広州市の東隣すなわち現恵州市内の山地で、羅浮山は同じく恵州市内の標高一二八一メートルの山である。いずれも広州の中心からほぼ東方にあり、南シナ海の海岸線にほぼ並行に走る蓮花山脈の西端部をなすのだが、意外と広州に近いことを知って驚く。といっても作戦範囲は最も近い増城で広州から直線距離でほぼ六十キロメートル、おなじく羅浮山まではおよそ百キロメートルはあるから、徒歩行軍となると、移動だけでも重労働である。

　ここから分かることは、日本軍がかつて広東を攻略して制圧したといっても、実効支配ができていたのは広州市の市街地や東部の海岸線の港湾都市くらいであった。広州市を核とする珠江のデルタ地帯でさえ安定した実効支配にはいたっていなかった。ましてや広東省の広大な山岳地帯はもちろんのこと、周辺の東部、北部、西部、特に東部や北部の山岳地帯と平野部の境で、河川と山地が複雑に入り組んだ地域についてはなおさら治安を維持することが容易ではなかったことが分かる。山岳地帯から中国軍が隙を突いては平地部に降りてきて広州の奪回をねらっているのであるから、日本軍は境界付近の山岳での中国軍の動きに常に目を光らせなければならなかった。

　久納兵団が主力を務めるこの作戦のうち、派潭墟、東洞付近、および羅浮山付近の二地点で砲火を交えたのが「増城東北方作戦」における緒戦であった。

これらの戦闘で順次中国軍を平野周辺の山岳地帯に押し返すと、久納兵団と國久らの輜重兵部隊はいったん大楼に戻って体勢を立て直し、次は大楼と増城方面に向かう。これからがいよいよ戦闘の本番である。

珠江をはじめ何本もの大河が形づくった平野は広大で、その広さは関東平野からは想像もつかないくらいである。この作戦では一日四、五十キロメートルの徒歩行軍もざらであった。したがって平野部を移動するだけでも兵力の消耗は相当なものであったに違いない。

これら一連の戦闘が行われたのは、この平野を東西に走る現在のG324号路沿いの戦闘地点であった。いよいよ作戦の本命地、増城に向かって大楼を出発したのは二十日であった。翌二十一日に増城に到着し、そこで中国軍とのあいだで迫撃の戦闘となった。

この戦闘は意外にも一日で決着がついた。ただし、もともとこれは勝敗を決する戦闘ではなくて、南嶺山脈や蓮花山脈に陣取り、機会あれば広州奪回の可能性を探ろうとするのが中国国民党軍の作戦である。したがって、日本軍から見れば平野周辺の山岳地帯に国民党軍を押し返す意図で実施された小規模の作戦であったと推定される。いわゆる治安戦である。そこで戦闘に一段落をつけた彼ら一行は二十二日に増城を出発し、歩き通して翌日の二十三日、広州に戻った。これで作戦は終了。

二十四日から森國久ら輜重兵は再び広東を警備する任務に就いた。その任務は四月二十四日から六月十二日まで続いた。この間、広東に駐屯する輜重兵部隊には、時間のゆとりがあった。日常生活の規則正しいリズムが刻まれる。彼が広州駐屯のあいだに持つことができた読書、写真の整理、詩作の時間はこういうときであったと思われる。

第2章　汕頭（すわとう）・潮州（ちょうしゅう）攻略戦と従化での作戦

汕頭・潮州攻略戦の背景

森國久ら渡河（とか）材料中隊が参加した第三の作戦である汕頭・潮州攻略戦は、増城東北方作戦と同じ年の六月から八月まで展開された。

この作戦について記述を始めるにあたっては、まずその背景について触れておかなければならない。華南作戦全般や日中戦争全般、さらには太平洋戦争についても優れた戦史分析をおこなっている越智春海によれば、汕頭・潮州攻略戦は同年六月九日の、陸軍と海軍のあいだに交わされたある取り決めによって動き出した。その取り決めとは、陸軍の第二十一軍司令官・安藤利吉と海軍の第五艦隊司令長官・近藤信竹という陸海軍の両中将のあいだの取り決めであった(21)。

作戦の攻略目標は、広東省の東部でちょうど福建省と省境を接するところの港湾都市、汕頭及び潮州である。汕頭は一八五八年の天津条約で開港場とされた地であるが、当時はまだ海辺の寒村の趣であったという。しかしその後、同地は韓江を内陸部に向かって遡行した地点にある潮州の外港として開港され、その後発展した。この両地点は密接な関係を持ち、古くから南方華僑の出身地として知られるところで、海外からの巨額の送金で潤う地域であったらしい。

このような土地柄であったことも関係して汕頭と潮州はともに、国民党軍から見れば、軍需物資の重要な補給ルートであった。同軍は日中戦争が始まって以来、自軍の主要な補給ルートとして六つのルートをもっていた。そのうち陸路の補給ルートとして南方陸路の［仏印―南寧―桂林］のルートと北方陸路の［甘州―涼州―西安］ルートとがあった。他方これに対して海路の補給ルートとして広州を拠点とするルート、海南島の海口を拠点とするルート、福建省の福州を拠点とするルートと並んで、この汕頭―潮州の補給ルートが主要な補給ルートとしてあったのである。

したがって日本軍側からすれば、これらの援蔣ルート(22)を遮断し、主として米英仏から国民党軍に対する軍事援助の物流を絶つことが、日本軍の占領地を維持し、日中戦争全体を有利に展開するために不可欠であったのだ。この汕頭・潮州攻略戦の目的はまさにそこにあったので、通常の治安戦とは趣を異にしていた。そこで作戦は、一方の陸軍と、他方、組織と予算の拡大を図る海軍の「協同」作戦のかたちで遂行された。

汕頭・潮州攻略戦の構成部隊

陸軍の兵力は第二十一軍所属の後藤支隊である。後藤支隊は、歩（兵）百三十二旅団所属の二個連隊、独立歩兵第七十六大隊、ならびに山砲兵と工兵の二個中隊、軽装甲車一個小隊、渡河材料一個中隊の編成であった。渡河材料一個中隊は森國久が所属する中隊である。このことから、この個別作戦のための隊列構成は一つの旅団編成であったことが分かる。

他方、海軍の方はといえば、第九戦隊、第五水雷戦隊、第三連合航空隊、広東飛行艇隊、佐世保第九特別陸戦隊が参加した。最後の特別陸戦隊はアメリカ軍の海兵隊に相当する部隊である。これら陸軍と海軍の参加兵力を考えると、この作戦はかなり大がかりなものであったことが分かる。

森國久、広東—黄埔港を出発

輜重兵部隊に対して「汕頭・潮州攻略戦に参加せよ」との命令が下った。これを受けて、彼らは一九三九年六月十三日、装備を整え、広東の兵営から黄埔港へと移動した。そして黄埔港を出たのは六月十五日(23)である。

陸軍の後藤支隊は六月十四日に黄埔港を出港し汕頭に向かった、と越智は記しているので、後藤支隊の先頭部隊の出港が十四日で、森國久の所属する中隊の出港はその翌日であったということになる。第二十一軍から連隊、大隊、中隊、小隊ごとに抽出されて組織されたこの旅団、すなわち後藤支隊(第二十一軍の「支隊」の意)はそれぞれ原隊(本来の所属部隊の意)のまとまり毎に順次黄埔港を出港し、森國久の所属する渡河材料中隊は任務の性質からして最後尾につくことになっているので、六月十五日の黄埔港出港となったのである。

広東は温暖湿潤気候帯に入るので、六月になると気温は高く、雨も多い。当地では季節はちょうど雨季にあたる。六月の雨量は梅雨時の東京あたりの雨量をはるかに超え、湿度はすこぶる高い。ヘルメットに戦闘服姿に身を包んだ彼らにとって高温多湿はつらいものである。

彼らが向かう先は、台湾海峡を挟んで台湾島の対岸にあたる広東省の汕頭と、汕頭に河口を開く韓江を遡上した先にある潮州であった。黄埔港を出港した輸送船は、珠江の河口付近で九龍を遠望し、河口を出ると香港を左に眺めながら南シナ海(南中国海)を東進した。

日本軍、汕頭に無血上陸―制圧

森國久自身は当時の詳細な行動を記録に留めていないので、以下、汕頭上陸前後から潮州攻略までの日本軍の動きを、アジア歴史資料センター所蔵の資料ならびに越智春海による作戦分析の記述を参考して、しばらく概略的にたどることにしよう(24)。

台湾海峡に到達した船団は十六日から十八日にかけて澎湖群島(25)の馬公に集結した。そこで出港体勢を整え、二十一日の午前中に馬公を出港し、西進して汕頭沖に到着し汕頭上陸を開始した。予想されていた白崇禧が指揮する正規軍二個師団の抵抗もなく、日本軍の先発部隊は汕頭の複数の上陸地点に分かれて無血上陸した。

この動きと前後して、先発の掃海隊が二十一日の午後二時に機雷処分を完了し、大量の兵員を乗せた船団は、海軍の第三連合航空隊の陸上攻撃機二十四機と水上偵察機九機の援護の下、汕頭港に入港した。森國久らの渡河材料一個中隊らの輸送船は、この時点ではまだ入港していない。

ここで汕頭港のことについて少し触れておく。北の韓江と南の榕江というふたすじの川が、いずれも大きなデルタ地帯の東部に河口をもっているが、汕頭港は、南の榕江河口に近い南岸に築かれていた。入港したのはここである。榕江を挟んで対岸の平地に汕頭の市街地が広がる。入港した日の夜、後藤支隊の二個大隊が、さほど大きな抵抗もなく汕頭市内へ進入した。

ところが夜の九時頃、中国軍の百五十七師（団）の守備兵がチェコ機銃などで攻撃を仕掛けてきたが、短時間のうちにこれを撃退し、翌日の二十二日の朝七時には完全に汕頭市内を占領したのである。そのときにはすでに汕頭の行政首長らは日本軍から見れば「逃亡」、国民党軍から見れば「一時退避」

の対処が終わっていた。そして森國久らの渡河材料中隊が汕頭に上陸したのは二十三日だというから、日本軍の先陣部隊による汕頭市街の制圧後に上陸したことになる。

このように日本軍が大きな抵抗もなく汕頭市内へ進入できたのは、航空母艦を要する海軍の第三連合航空隊の陸上攻撃機と水上偵察機の大量援護が、要素としては非常に大きいが、他方において白崇禧の戦略的判断によるところが大きいのではないかと思う。すなわち、海軍の援護を受けている日本軍の地上部隊と正面衝突すれば、自軍に多数の犠牲者を出してしまう恐れがある。「ここは正面衝突を避けて、ひとまず待避し、兵力を温存しよう」。これが彼の判断であったに違いない。

汕頭（すわとう）市街を制圧したが、もぬけの殻であったということは何を意味するのか。筆者が考えるのはこうだ。汕頭・潮州攻略戦は援蔣ルートを絶つという意味合いは一時的にあったとしても、長期的には中国軍への深刻な打撃にはならないはずだ。というのは、中国軍から見れば、これは日本軍が「占領すれども統治なし」ということの見本であり、日本軍がそこを占領しても汕頭や潮州の住民、中国人を統治することは不可能だ。そうだとすれば、国民党軍にとっては、たとえ汕頭、潮州をはじめとする主要港が占領されても、中国の長大な海岸線は新たな援蔣ルートを次から次に生み出すことができるからだ。そして中国住民は一時的に山中に退避、逃散しても、日本軍のすきを見て必要なときはいつでも、夜陰に乗じて主要港以外の海路から陸揚げされた軍需物資の輸送要員となることができる、と踏んでいるからなのである。

それは、国民党軍が日本軍の徐州作戦に対して用いたように[26]、大局的な戦略構想の下で硬軟両様の戦術を使い分けていると見た方が的を射ているだろう。というわけで、ここ汕頭においても、中国軍側が「戦略的一時退避」の戦術を取っているため、彼らの抵抗はほとんど無いに等しかったのである。

潮州の攻略へ向かう

すでに記したところだが、二十三日に汕頭の上陸を果たした日本の軍部隊は、もぬけの殻の汕頭市街地を抜けて、さっそく二十五日から潮州攻略戦を開始することが決定された。もちろん森國久が属する渡河材料一個中隊も参加した。

後藤支隊の二個大隊が汕頭市街を制圧した日の翌日、すなわち六月二十三日、旅団から歩（兵）百八連隊中の第二大隊が増派された。そして六月二十五日から、第二大隊が加わって強化された後藤支隊は次の攻略地点、潮州の攻略を開始した。潮州は汕頭の港から徒歩で向かうとすれば八時間ないし九時間を要する距離にある。今日では高速道路網に乗れば一時間程度で潮州の中心市街地にたどり着ける距離なのだが、当時ではそうはいかない。しかも対岸からの狙撃に常に警戒しなければならなかったから、それほどたやすいことではない。

二十六日、陸路の進撃部隊は三縦隊の編成を組んで汕頭から潮州を目指した。一方舟艇の森國久ら別働隊は韓

広東省広域図（筆者作図）

江を遡上した。

汕頭、潮州の戦略的位置づけ

広東から汕頭、厦門、さらに北方の福州にかけての海岸線は、かつて国共合作時代に国民革命軍(国民党軍)が蔣介石に率いられて杭州、上海へと行軍したルートである。しかも日本列島がすっぽり入ってしまうほどの南嶺山脈とその支脈の急峻な山岳地帯は、かつて毛沢東が率いる第一方面軍の根拠地が置かれていた。しかも後にここから大西遷が開始された地であり、当時においても由緒ある戦略的要衝であった。

この大空間の地勢を熟知するものにとっては、ゲリラ戦であろうが組織的な攻撃であろうが、この一帯は有利に戦いを進めることのできる根拠地であると同時に、敵からは攻められにくい地の利を有する大空間である。そのような大空間の、南シナ海側への「一つの」出入り口が汕頭、潮州であると考えておくべきなのだ。

今日では、潮州は韓江と榕江が形成したデルタの北端にあたる二百万都市である。潮州は東南アジアなどで活躍する華僑の輩出地としても知られ、近代都市景観をもつ都市であると同時に、歴史的名城を残す都市でもある。汕頭から潮州までは直線距離にして約四十キロメートルある。國久らは南嶺山脈の分水嶺から幾本もの支流を集めて流れ下る水量ゆたかな韓江を舟艇に分乗して遡ったことになる。

森國久ら輜重兵部隊、潮州へ遡行中に狙撃される

すでに記したように、潮州を目指す日本軍部隊は陸路による移動部隊と舟艇による移動部隊とに分かれた。陸路部隊は三縦隊で潮州を目指した。他方、舟艇を用いる森國久らの部隊は韓江本流または韓江分流をたどって潮州に向け進軍した。森國久らの渡河材料一個中隊が武器、弾薬、食糧などを積んで舟艇に分乗して潮州を目指し、分流から韓江の本流に入った。写真資料によると、対岸は水量ゆたかな大きな流れのはるか彼方に見えるので、この河が川幅の相当ある韓江の本流だと思われる。

ところがしばらく遡上した地点で、國久らの輜重兵部隊、すなわち渡河材料中隊の一団に犠牲者が出た。潮州に向け溯行しているとき、対岸の亜熱帯系の木々が生い茂る樹陰で待ち伏せしていた国民革命軍（国民党軍）の狙撃兵からチェコ機銃[27]で突然狙撃されたのである。国民党軍の狙撃兵たちは援蔣ルートを通して入手していた性能の良いこのチェコ機銃を装備していた。

この犠牲は、汕頭、潮州デルタ地帯の六月の気候のせいでもあった。汕頭の六月は、一年中でもっとも雨の多い季節である。六月の月間雨量は一日平均で二百八十ミリメートルを超える年もある。たまに空が晴れ上がっても、それはそれで兵士にとっては気温三十度を超えるような暑さと湿度に攻めたてられ、苦しかった。この暑さのせいで兵士は鉄兜を脱いでしまい、頭部がまったく無防備になっていた。そこを狙い撃ちされたのである。あっという間の出来事であった。

さて先発部隊の状況はどうであったのか。越智によれば二十六日、潮州の楓渓で中国軍の独立九旅（団）の反撃が見られたが、夜の七時に、日本側の後藤支隊に所属する先遣隊がこれを撃退した。そして韓江を溯行していた森國久らの別部隊が潮州南部に上陸して楓渓へと前進した。二十七日の朝、

各部隊とも潮州に進入したのだが、ほとんど無人の町と化していたという。これも、白崇禧による「戦略的退避」の結果で、国民党軍は二十六日夕刻から二十七日朝にかけて、後背地の山地に移動したと思われる。

二十七日に潮州に入城した國久らは三十日まで潮州の警備に当たった。その翌日から七月十七日までの二十日間、舟艇によって汕頭市街の菴埠と潮州間を往復しながら軍需品の輸送業務に従事した。その業務を終えるとただちに今度は韓江を下って汕頭の警備に当たり、八月六日までの二十日間その任務を遂行した。輜重兵はこのように兵站、輸送とあわせて占領地の警備も担当していたのである。

約一ヶ月半にわたる汕頭・潮州攻略戦はすべて完了した。汕頭・潮州攻略戦の「戦果」は、どれほどであったのか。越智によれば捕虜九十八人、弾薬六千発などであった。中国軍側の「遺棄死体」のデータ、日本軍側の損害について、いずれも記録がないので「戦闘らしいものはほとんどなかったのだろう」としているが、実際には、渡河材料中隊に死傷者が出ていたことを、森國久自身が目撃し、かつ記録している。この作戦司令部の方ではこの死傷事実は軽微という扱いで処理されたと思われる。

時間と空間の対決

さてここで越智春海は、汕頭・潮州攻略戦の結果を、戦果云々とは別の視点から次のように総括している。「こうして日本軍は、天津、青島、上海、漢口、広東の五大要港に加えて、海南島の海口、広東省東端の汕頭の二貿易港を占領したわけだが、このとき第三艦隊（旗艦「出雲」）独自の作戦で、杭州湾の沖合に散在する舟山群島の首都である定海を占領しており、国民（党）政府に残された海港は、なくなったようなものだった[28]」

汕頭・潮州の攻略・占領と、それに続く舟山群島の定海の占領によって、このとき日本海軍の課題であった海からの援蔣ルートをついに遮断することに成功したかに見えた。

しかし注意しておかなければならないことがある。この時点においては、アメリカは明白に日本の敵国ではなかった。つまり公に敵対関係にあったのは日本と中国、そして中国を支援する英国とフランスである。そのため、アメリカの船（軍艦かどうか分からないが）は東シナ海も南シナ海も、日本軍からあからさまな攻撃を受けずに航行できたはずである。

したがって日本と戦っている蔣介石率いる国民革命軍への軍需物資は、東シナ海沿岸部、台湾海峡ならびに南シナ海北部の沿岸部の長大な海岸線のいずこかで新規に開発された代替の援蔣ルートを通して補給が可能になっていたと思われる。すなわち、たとえ五大要港と二貿易港を日本軍に占領されても、長大な海岸線を視野に入れるならば、占領されていない小さな港や湾や入り江をいくつでも見つけることができたのである。夜間に艀のような小舟を操れば、アメリカ船籍の船から軍需物資であれ食糧であれ、それらを日本軍が占領している要港以外の漁港やその他小さな港に運び込むことができたはずである。そして、それらから内陸部への道はいくらでもあった。それは中国大陸の地図を広げてみれば容易に察しがつく。この点が日本軍部の戦略的発想から抜け落ちていた点であろう。

蔣介石の開陳した「空間をもって時間に替える」という戦略思想[29]は、詰まるところ相手国が中国という広大な空間を制し得ないことを洞察した上で、時間をかけた長期戦を勝ち抜く戦略思想であった。それは日本のような島国からは生まれにくい戦略思想なのだろう。あるいは、そもそもはじめから日本軍には個々の場当たり的な作戦思考はあっても、遠大な戦略思想などというものはなかったのかもしれない。

しかし、あえてひいき目に見て日本軍に戦略思想があったと仮定してみよう。試みに蔣介石の表現をひっくり返してみる。すると「時間をもって空間に替える」となる。この表現から憶測できる戦略「思想」は何だろうか。

思うに、この「思想」は「急襲(きゅうしゅう)」、「奇襲(きしゅう)」、「夜襲(やしゅう)」と「特攻(とっこう)」として発現しやすい戦略「思想」である。[30] 敵の不意を突き、意表を突いて敵の戦列、隊列をかき乱す「発想」である。確かにそれは一時の華々しい戦果を可能にしてくれることもあるが、反面、真珠湾奇襲の例は別として、一般的には自軍の兵力の犠牲・消耗もまた大きい。世論対策として自軍のそれを小さく見せ敵軍のそれを水増しして大きく見せる[31]情報操作もしなければならなくなる。この操作は長期的には敵の実力をみくびるような自軍の次の作戦計画を生み出すことにつながるのである。そして見通しの甘い作戦計画によって、長期的には兵力は徐々に衰弱し、戦意と戦果はやがて下降線をたどっていくのである。

そこでは戦闘という行為に向けての主情と機転が何よりも優先され、その行為の結果が前線兵士においても、現場指揮官においても、図上で作戦を練る軍幹部においても、自軍優勢、敵軍劣勢という風に偏って価値評価されてしまう。その結果、長期的かつ短期的の両視点からする目的と手段の合理的結合によって最終的な勝利を収める、という合理的発想は視野のなかから消えていく。あるいはそもそも日本軍にはそのような発想も思想もなかったといえるかもしれない。

この問題に関することだが、日本軍の汕頭・潮州攻略戦や黄海から南シナ海にかけての中国沿岸部の主要港湾を攻略制圧する作戦が成功を収め、その結果、海からの援蒋ルートを遮断する効果が短期的にはあった。けれども、長期的にはいかほどのものであったか(32)。

陸軍の一指揮官として日中戦争に従軍していた越智春海は、行軍中の戦場で見たある光景によって援蒋ルート遮断の効果のほどを思い知らされるのである。彼にとってその光景は、敵軍の行為ながら文字通り「空間をもって時間に替える」という蒋介石の戦略思想を美しい絵に描いたような光景であった。以下にその光景を描写した一文を引用する(33)。

> 南シナ海の各地から、さまざまな物資が重慶をさして、延々たる行列で担送されていたのだ。数人から数十人、時としては民兵に護送された百人以上の担送者の列が、はてしない山野を進んで行く風景は、民族的なスケールの違いを痛感させるものであった。
>
> 私は浙江省の紹興に近い余姚南方の夏口で、はるか南方の峨眉山の峠を越えて進む、そうした担送者たちの隊列を眺めて、茫然と立ち尽くしていた日々を、忘れることができず、今でも時々、月下の峨眉山を進む人々のシルエットを、夢に見ることがある。そこから重慶までは、たぶん二千キロの山河だ。まさか重慶までは行かないにしても、江西省、湖南省などの各地には分駐・行動中の自国軍の手に、それらの諸物資を渡すために、時には日本軍の急襲を受ける危険な道を黙々と歩いて行く彼らの姿は、崇高であった。私は、その組織とか、報酬のことなど何一つ知らずじまいになったが、「日本は戦争には勝てない……」と、しみじみと思った。昭和十六年九月頃のことだった。

先の引用文の中で越智は、浙江省の夏口にいた際、はるか南方に峨眉山がそびえ立っているような書き方をしているが、峨眉山は夏口の二千キロメートル以上も離れた西方の高山である事実を考えれば、これは彼が夏口の南方の別の山を峨眉山と取り違えたのであろう。夏口から見える山々は南嶺山脈やそれに付随する中小の山脈群である。もしそうであるとすれば、東シナ海から南シナ海北部に至る長大な海岸線の何処かの海浜で陸揚げされた援護物資を担ぎ、二千キロメートル彼方の重慶に向けて江西省、湖南省の山河を越えてゆく担送者たちの感動的な姿の描写はすべてつじつまがあう。

越智はこの光景を見たとき、担送者たちもまた敵の一味であることを忘れてしまうどころか、崇高ささえ感じた、と語る。想像の額縁のなかに切り取られ、おさめられた担送者たちの月下のシルエットは、大地の広大さに比肩(ひけん)するほどの民族的スケールの大きさの、まさに象徴であった。彼はまた敵味方という彼我(かれわれ)を越えたレベルで、一民族が苦難を耐え忍び、その苦難を悠久(ゆうきゅう)の時間のなかで一歩一歩克服していこうとする人間の生命力の力強い歩みを彼は感じ取ったに違いない。森國久が広東で孤児を保護したときに、「戦争は憎しみと愛のカクテルだ」とつぶやいたときの心境になにやら通じるものがある。だが、悲しいかな、憎しみの感情に引きずられる指導者たちの命令に従わざるを得ないという運命が、戦場にある彼らの上には消し去り難く刻印(こくいん)されていたのである。

越智春海と森國久の接点

森國久より六歳年下の越智春海[34]は、森國久との面識はないが、ある種の接点や共通点をもっている。以下それについて記しておく。

一九一八年愛媛県生まれの越智は、一九三八年に兵役の召集を受け広島歩兵第十一連隊に入隊した。越智はまだ二十歳か二十一歳の頃である。森國久が招集を受けたのも同じ一九三八年である。二十五歳であった。

そして越智は一九三九年一月、歩兵第十一連隊補充隊（広島）の第二機関銃中隊に入営した。そして同年十一月に熊本陸軍予備士官学校に入学した。森國久は同年十月、門司港から兵員輸送船に乗船して広東に向かった。

この二人が当時、臨時招集されて兵役に就いたのにはわけがある。一九三七年の夏に日本の関東軍の謀略による盧溝橋事件（支那事変）が起き、日中は全面戦争に突入したのである。中国側では日本軍の圧力をかわして重慶に政府が樹立された。蔣介石に指揮される中国革命軍（国民党軍）は北伐を完了し、残された軍閥をほぼ統一軍に組み込んで抗日の体勢を整えた。そのため日本軍は中国戦線に多額の戦費と大量の兵員を投入する必要が生じたのであった。風雲急を告げるそのような時代に越智も森も、その兵員として大量調達された同類であった。

越智は入学後七ヶ月前後という短い期間を熊本の予備士官学校で学んだ後、一九四〇年六月末にそこを卒業し、もとの配属先である第二機関銃中隊に見習士官として復帰した。そして同年九月六日、南部仏印作戦に参加するため、広島の宇品港を出港し、十七日に現在の広西壮族自治区の欽州湾に上陸した。その後は陸路をとって国境の町愛店鎮に到着し、そこで態勢を整えて中国領の愛店と北部仏印領のロックビンを結ぶ「愛店―ロックビン」道を前進して、南寧方面から南進してきた別ルートの陸路進駐部隊とともに二十三日、仏印に進駐した。[35]

欽州湾といえば、越智の行動とは時期がずれるが、同年の二月、森國久が賓陽作戦に参加するため、南シナ海の最北端に位置するこの湾に上陸し、そこから桂林と北部仏印のハノイを結ぶ援蔣ルート上の重要拠点、南寧に向かったあの欽州湾である。

賓陽作戦の七ヶ月後に越智は仏印進駐という別の戦略的目標のために広島の宇品港から欽州湾に直行したのである。

越智が九月十七日に欽州湾に上陸し北部仏印に進駐し、もう一方では森國久も同月十七日から十月六日まで北部仏印進駐作戦に参加している。したがって、もしかすると森國久が北部仏印に駐留したおよそ二週間のあいだに、ベトナムの首都ハノイで二人は空間と時間を共有していた可能性がある。もしそうだとしてもそれは偶然の一致でしかないが、むしろ二人に共通している一点は、戦闘に参加していながら日中戦争を（越智の場合は太平洋戦争も含めて）少し冷めた目で見ていた、言い換えれば、戦争と適度な距離をとりながら関わっていたという点である。

越智は日本陸軍中で最大、最強といわれた精鋭の第五師団に属し、仏領インドシナ作戦への参加を皮切りに中国大陸、マレー半島、南方戦線各地を転戦し、予備士官学校の即席養成コースの出身でありながら最後は陸軍大尉にまで上りつめた軍人であった。そういう越智であるが、士官として最も心がけたことの一つが指揮下の兵隊のなかから戦死者を出さないことであったと振り返っている。兵士たちを、戦場に放たれる銃弾のように扱った日本軍最上層幹部たちの思想とはずいぶんと距離を置いている考えだ。これは部下の兵士の命を大切にした森國久の考え方とも相通じるところである。両者は時代の渦中にいながら、自分自身と、普通は見えにくい渦の姿という両者を、想像力をもって視野に収めていたのである。

広州への帰還

少し回り道をしてしまった。さてここで話をもとに戻そう。日本軍は汕頭と潮州を攻略し、両都市とその港湾を占領した。これによって援蔣ルートを遮断するという作戦の所期の目的は達成された。これら占領地の警護の任務にしばらく従事したのち、森國久らの輜重兵部隊は汕頭と潮州での作戦任務を解かれた。八月七日に汕頭港を出港し、帰りは早くも二日後の八月九日、香港を右手に眺めながら水量豊かな珠江を溯行し、しばらくぶりの黄埔港に上陸した。そして彼らは同じ日のうちに人のいる気配のない広州の市街地を眺めながら兵営に戻り、翌日から再び広州の警備に当たった。國久の生活に日常が戻ってきたのである。一日の警備の任務を果たせば、夜は読書し、写真の整理をおこない、妻宛の手紙を書く時間もあった。次の作戦への参加命令が下されるまで、戦場でのつかの間の平和な時間が流れるのであった。

従化での夏期作戦

森國久自身が参加した第四の作戦・戦闘は広州市郊外の従化付近で展開された夏期作戦であった(36)。作戦期間は汕頭・潮州攻略戦から広州に帰任しておよそ二十日後の八月三十一日から九月六日までである。

実は、日本の第二十一軍が広東を占領していたとはいうものの、その占領は広東省全域には到底及ばず、華中につながる北方の広大な南嶺山脈に潜む中国軍の動きに絶えず神経をとがらせていなければならなかった。

八月九日の兵営に帰還した森國久は広州を警備する合間に、妻政子とこまめに葉書や手紙のやりとりをしていた。妻から届けられた葉書や手紙の分厚い束がひもで綴じられ、兵営の彼の個室の柱にかけられていた。

そうこうするうちに、一週間が過ぎた。再び日常は去り、非日常が訪れた。広州の黄埔港から約五十キロメートル北方の従化付近の夏期戦闘に参加せよとの命令が下されたからである。だがそれは大々的な作戦などではない。従化は広州市北部の山地から平野部に出る直前の山間の住区、今ふうにいえば里山の風景が見られるようなところである。当時、この付近で南下して広州に揺さぶりをかけるねらいの中国軍の動きが察知されたのであろう。國久たちは八月三十一日に兵営を出発して従化に移動し、九月六日まで占領地を守るための「治安戦」ともいうべきこの夏期作戦に参加した。

翌九月七日からは再び広州警備という任務に就いた。この警備任務期間中の十二月一日付で國久は部下を五十人ばかり率いる輜重兵軍曹となる。

第3章　最も苦しかった戦い―翁英(おうえい)作戦―

森國久が参加した第五の作戦

森國久が参加した第五の作戦は翁英作戦であるが、中国軍が全土にわたって計画した冬期攻勢に応戦するこの作戦は自らの戦争体験のなかでとりわけつらい経験であったと回想している。当初の作戦期間は一九三九年十二月中旬から一九四〇年二月初旬までであったが、作戦期間中に賓陽作戦への参加という課題が急浮上してきたため、実質的には一月上旬に切り上げられて終了した。

森國久らは第二十一軍の命令により、渡河材料中隊の一員として十二月十七日より翁英作戦に参加することになった。「翁英作戦」の「翁英」とは広州北方の急峻な山岳地帯と広州のデルタが入り組んでいる地域にある二つの地名、翁源と英徳の最初の二文字をとってつけられた作戦名である。英徳は広州の北方およそ百六十キロメートルの粤漢(えつかん)線（広東―漢口）の沿線にあり、[37]北江(ほっこう)が流れる。翁源は英徳の東方およそ四十キロメートル付近の山間部にあり、いずれでも昼夜の寒暖差が大きい。しかも急峻な地形をともなう山岳地帯でもあり、この作戦は参加した兵士たちにとって大きな負担になったようだ。

作戦とその展開のあらまし

この作戦のあらましについて記す。

日本陸軍は、一九三八年の広東攻略戦により広東省の限られた地域、特に平野部を占領したが、日本の本州がすっぽり入るくらいの広東北部から北東部にかけての広大な山岳地帯に支配地域を拡大することはできなかった。この地域が中国軍の支配地域であり、後者はここから広州奪回の機会を常にうかがっていたのである。

一九三九年の八月下旬、日本軍は中国軍の夏期攻勢を受けた。このとき日本軍は防戦を強いられる。この経験から広東に展開する日本軍第二十一軍は、その北方に軍事拠点を置く中国軍の余漢謀司令官が率いる第十二集団軍を壊滅する必要性を痛感した[38]。その目的を果たすため、中国軍の冬期攻勢にあわせて十二月中旬から日本軍の作戦が開始され、翌年の一九四〇年一月上旬まで、約三週間それは続いた。投入された戦力は日本軍が約五万人、中国軍が約十二万三千人であった。

湖南省境に近い韶関に向けての本格的な攻勢が開始される前に、翁源と英徳方面で日中両軍の軍事衝突が繰り返された。ところがこの過程ではるか西方の南寧の日本軍守備隊の苦境が第二十一軍司令部に伝えられたので、第二十一軍は翁英作戦の規模を縮小して、軍の一部兵力を南寧・賓陽方面に振り向ける必要が生じた。そこで攻略目標を、北部の湖南省との省境に近い当初の韶関から英徳と翁源方面に縮小変更した。そして十二月二十九日に翁源、三十日には英徳を占領し、ここで作戦の終止符を打ったのである。そして当初の攻勢開始位置に集結し、広州への帰還準備に入った[39]。

作戦への助走

国立公文書館アジア歴史資料センターが所蔵する資料、『翁英作戦戦闘詳報（第21号）[40]』によると、この作戦は一九三九年十二月十八日に開始され、一九四〇年一月五日に終了した。「戦闘詳報」は作戦開始に備えた事前の連隊の移動、編成について詳しく記している。

作戦全体は広東軍司令部が担当し、南寧作戦から広州に帰任した部隊をも含めて戦闘組織を編成した。作戦の主力部隊は桜田兵団であったが、歩兵大隊や山砲兵大隊・連隊、輜重兵(しちょうへい)中隊等も加えた旅団編成とされ、國久らの「輜重兵第六連隊第二十一渡河材料中隊」は、この輜重兵中隊に組み込まれたものと推定される。司令部から指示があり、一団は、連大隊本部指揮機関、第四中隊、第六中隊、連隊本部の主力、第二大隊段列、連隊段列、輜重兵中隊の順序で現在地を十二時に出発するものとされた。これから見ると森國久らは隊列のもっとも後尾について現地に向かったことになる。

十二月二十二日の冬至の頃、現地の日の出は日本時間でいうと午前七時過ぎ、日没は午後六時前である。戦いのあった山岳地帯は、東西南北にまたがって広大な中国の大地を北部、中部、南部に分けた場合、南部の南支にあたる。そこは太陽の軌道の北限にあたる北回帰線に近いが、十二月の半ばを過ぎる頃ともなると太陽の軌道がもっとも遠ざかる。しかもこの地方は、海岸線から直線距離で約二百二十キロメートルも内陸部にある。したがって、作戦予定地の気候は亜熱帯に属するけれども、昼夜の寒暖の差ははなはだしく、十二月の下旬には霜さえ降りることもある。特に夜の十二時を過ぎると寒気が厳しくなり、焚き火をして暖をとらなければならないほどの冷え込みとなる。

作戦の開始

十二月中旬に作戦が開始された。森國久が広東省内で参加した治安戦の中では最大規模の作戦であった。以下の記述は前記の『翁英作戦戦闘詳報（第21号）』その他の資料[41]を参考にしながら書き進める。

森國久が歩いた作戦展開予定地までの行程は難路であった。今日では国家森林公園に指定されているある区間の様子は『戦闘詳報』のなかで、「…間は高峰連続し道路は山腹道の小径にして所々に急坂あり駄馬の通過容易ならず」、「牛背脊圩（ぎゅうはいせきう）―呂田墟（ろでんきょ）間ノ本道ハ道幅約十メートルナレドモホトンド破壊シ尽クサレテ原形ヲトドメズ[42]」と記録されている。この難路を森國久が属する輜重兵中隊も、弾薬、補充用武器はもちろんのこと、その他の軍需品、食糧、飲料水等を輸送するために歩兵部隊と山砲兵部隊に追随した。

行軍には昼夜の区別がなく、時には真夜中の午前一時、二時の行軍もおこなわれた。森國久軍曹は部下を連れ、駄馬を駆使し、渡河の装備を運搬した。戦闘に先立ち輜重兵中隊は、前日中に歩兵部隊と山砲兵部隊に対して一戦闘あたり数百発の弾薬を供給し、前線での戦闘開始に備えていた。旅団は前進した。

「前進路は急坂狭路多カリシトイエドモ暗夜ヨク隊伍纏（まと）マリ前進スルヲ得タリ、二十四日〇一〇〇頃、蜈蚣山（ごしょうさん）南方ニ至ルヤ同高地付近ニアリシ兵力不明ノ敵ハ我ガ前進ヲ妨害シタルモ前衛配属ノ５ＢＡハソノ都度コレヲ排撃シ〇三〇〇南陽圍ニ到着ス[43]。」

日没から四時間半経った午前一時頃、中国国民軍から突然仕掛けられた攻撃に、歩兵部隊と山砲兵部隊は応戦した。深夜の戦闘である。このときの戦闘は午前三時まで二時間も続いた。なお、引用文中の蜈蚣とはムカデのことである。ムカデのような形の山ということであろう(44)。

水尾洞(すいびどう)高地の攻略戦

十二月二十四日の戦闘が一段落すると、二十五日の水尾洞高地の攻略戦に備えて、その日の夜半から日本軍の現地連隊本部指揮下にある各部隊・戦闘隊はいくつかの陣地に分かれて布陣した。二十五日の戦闘は午前五時二十分頃に始まった。夜明け前である。偵察隊が水尾洞北方約一キロメートルの高地に至ったとき、北方より中国軍の襲撃を受けた。「戦闘詳報」はその様子を以下のように記録する。

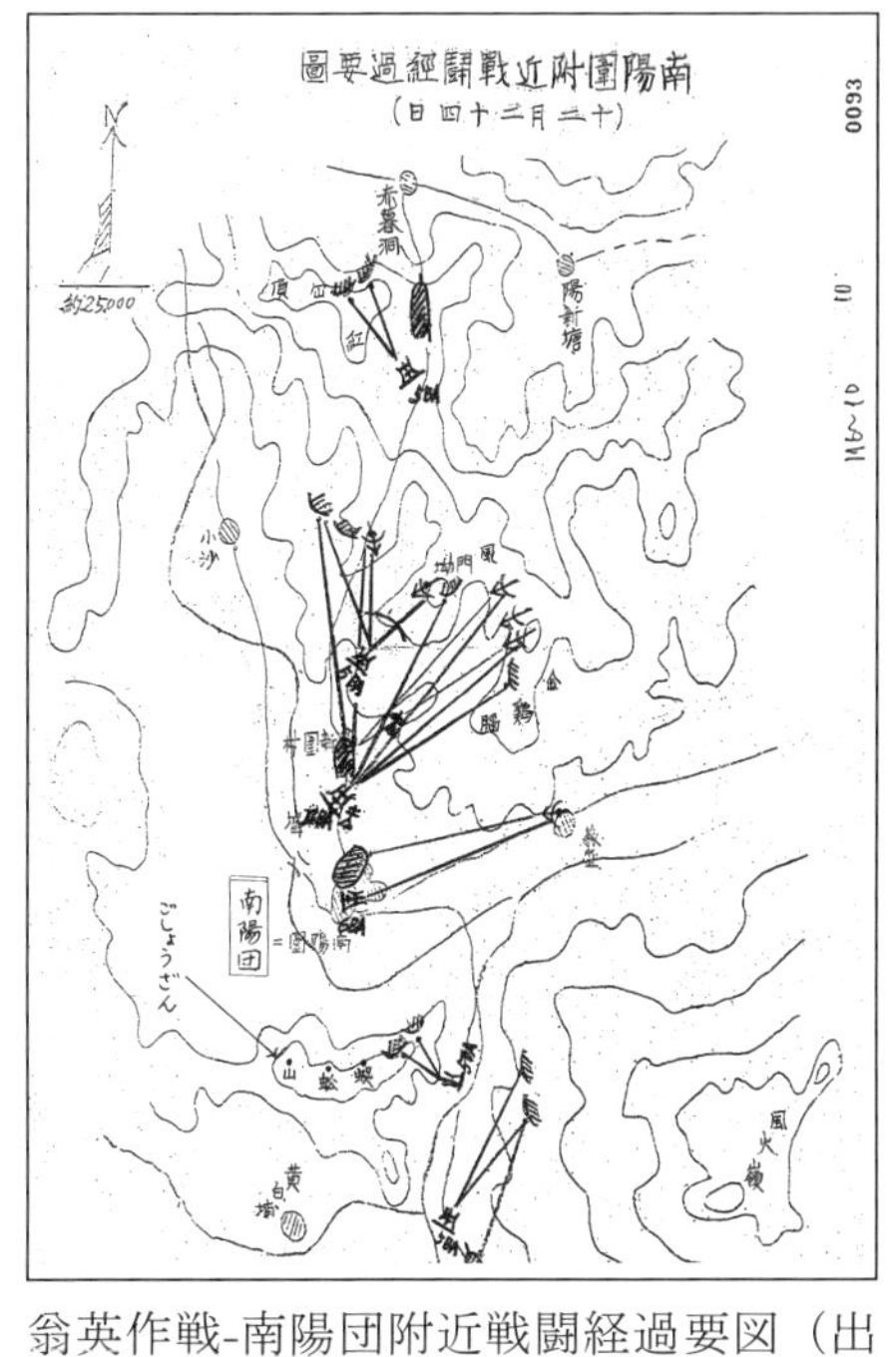

翁英作戦-南陽団附近戦闘経過要図（出典：国立公文書館アジア歴史資料センター、Ref.C13070246800）

「同高地ニハ0520頃北方ヨリ敵襲アリ友軍ニ若干ノ死傷者ヲ出シ当時ナオ騒然タリキ。0830マデニⅡBAヲ同地ニ展開セシメ、大隊主火力ヲ望到底(ぼうとうてい)高地ニ指向セシメ、マズ既設陣地ニ拠(よ)ル敵ヲ求メテ制圧セシム。然(しか)ルニ天明トナルニ従イ偵察ノ結果、敵ノ第一線陣地ハ河水拗(かすいよう)附近ニアリ、鉄条網ヲメグラシ堅固ニ工事ナシアルヲ認メタルヲ以テ、爾後該敵(じごがいてき)ニ火力ヲ指向(しこう)セリ。ソノ射距離(しゃきょり)七百及至千二百メートルニシテ禿山ナリシタメ、敵ノ動作手ニトルゴトク見エタルヲ以テ逐次コトゴトクコレヲ撃滅セリ。(45)」
［註＝文中「0830」とあるのは午前八時三十分の意味。以下同様］

望到底と河水拗付近で展開されたこれら一連の戦闘は、午前五時二十分頃から始まり、夜明け過ぎの同八時三十分頃まで三時間余り続いた。この日、國久らの輜重兵中隊は、弾薬を歩兵部隊と山砲兵部隊に補給したあと、午前七時まで水深抗東南五百メートルの地点に待機することを命じられていた。(46)

これ以降午後二時頃にかけて戦闘はなおも続いたが、日本軍が優位に立った戦いになった。そして中国国民党軍は時折反撃しながらも、全体としては北方の山岳鞍部を通って退却し始めた。その情勢を見届けると、この日は連隊本部より、一部の部隊を残して各部隊は計田に集結するよう命令が下り、午後五時にはほぼ集結が完了した。(47)

翁英作戦の頭文字が翁源と英徳という二つの地名に由来することはすでに述べた。翁英作戦に登場する地名はすべて、翁源と英徳の東部、南部ならびに東南部

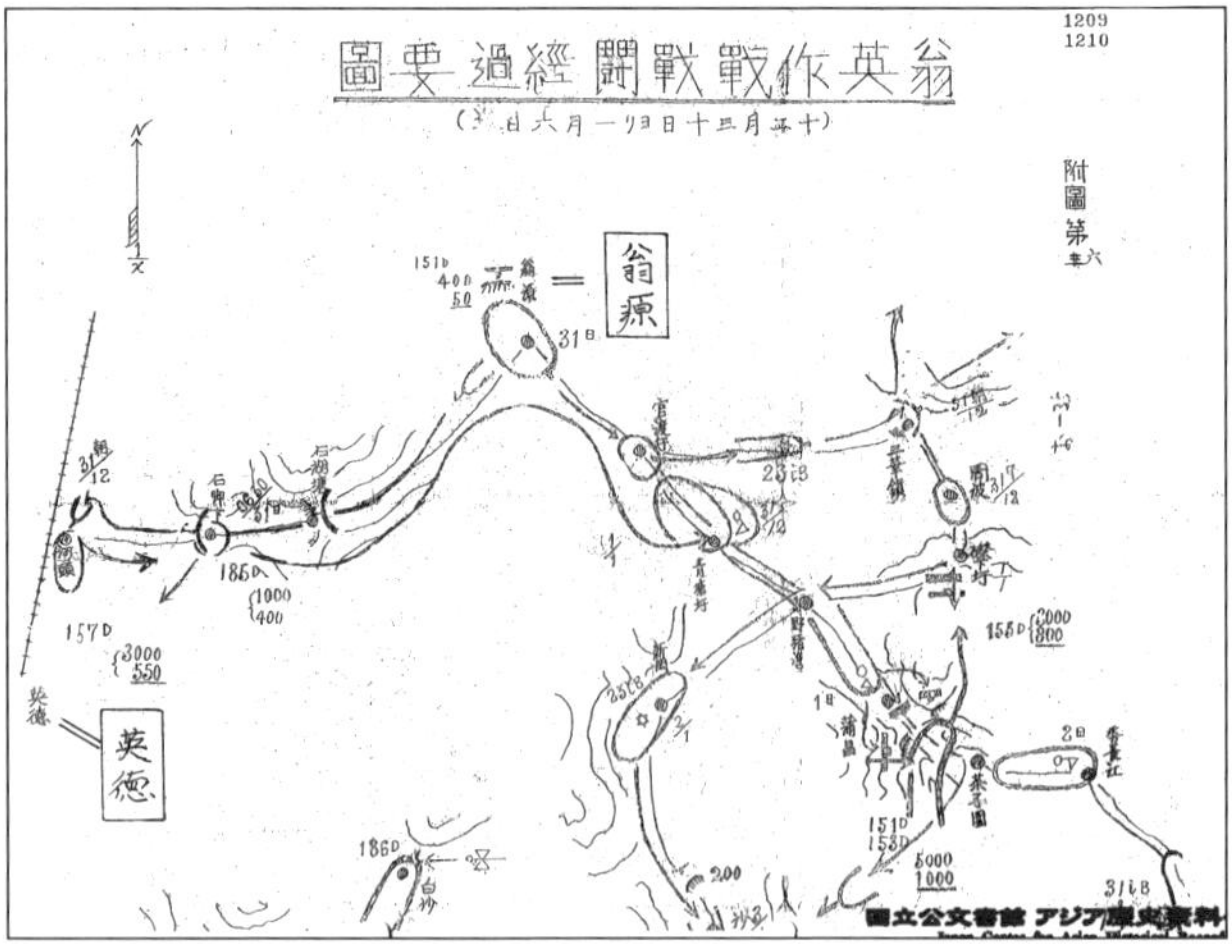

翁英作戦－翁源・英徳付近の戦闘経過要図（出典：国立公文書館アジア歴史資料センター、Ref.C13031764400）

にかけての広大な範囲内にある。この方面は広州北方から東北方に眺められる複雑かつ急峻な山岳地帯である。

行軍には道路補修が不可欠であった。工兵が主に担当したが、時には輜重兵がそれに当たった。道路の補修が済めば砲兵は先頭の歩兵を後方から援護しながら前進し、輜重兵がその後に続いた。このように日本軍部隊は昼夜を分かたず国民党軍の部隊と戦った。

太平墟での戦い

十二月二十六日の夜が明けた。計田に前日集結した各部隊は、午前八時、翁英作戦のために編成されていた梯團区分にしたがって呂田圩に向かって順次出発した。出発はしたものの、道路があちこちで寸断破壊されている状況であったので、部隊の前進は思ったよりはかどらなかった。そこで午後四時、牛背脊圩[48]と呼ばれる地点で一旦休息をとった。

この地点で梯團区分を解かれたので、原田部隊の原田中佐は、来たるべき攻略戦のために、ただち

翁英作戦戦闘経過要図ー牛背脊圩・呂田圩を中心に（出典：国立公文書館アジア歴史資料センター、Ref.C13031755100）

に連隊の一部を組み込んだ攻略部隊の再編成をおこなった。そのなかで、それぞれの任務を持つ小隊・中隊に、前進上の協力関係を定め、工兵中隊の一中隊には駄馬が通ることができる程度に道路を急いで補修するよう命令を下した。傷んだ道路は国民党軍が退却する際、日本軍の前進を阻むために爆破していったからである。

道路補修が済んだ分だけ部隊は前進した。この補修には相当な時間がかかった。日没後まもなくの午後九時に前進をやめた。日付が変わった。二十七日も道路補修作業が続き、少しずつ部隊は前進した。そして、ようやく夜遅くなって第一目標地点の呂田墟まで道路補修が進んだ。「墟」は大きな丘の意味である。そこで夜更けの午後十一時五十分、攻略戦についての具体的な命令が原田中佐により下された。参考までに、独立山砲兵隊の残した記録である『翁英作戦戦闘詳報』にしたがって命令の概要を以下に記載する。(49)

原田部隊命令　十二月二十七日　於呂田墟

軍隊区分

翁英作戦中、道ばたで休息をとる輜重兵部隊

先遣隊　近衛歩兵第二聯隊（第一大隊欠）
独立山砲兵第二聯隊の第二大隊（二中欠）
近衛工兵中隊（二小隊欠）

前衛　近衛歩兵第一聯隊第二大隊
近衛工兵中隊一小隊
近衛野砲ノ山砲兵中隊

本隊　近衛歩兵第一聯隊（第二大隊欠）
旅団司令部
近衛野砲ノ山砲兵隊（一中隊欠）
近衛工兵中隊ノ一小隊
独立山砲兵第二聯隊主力
第十防疫給水部ノ三ヶ班
近衛歩兵第二聯隊ノ第二大隊及ビ聯隊砲

一、敵、旅団ノ猛攻ニ拠リ北方ニ向ヒ退却中ナリ
旅団ハ太平墟南側地区ニ於テ此敵ヲ撃滅スルノ企圖ヲ有ス

二、旅団ノ前衛ノ戦闘ヲ以テ二十八日〇三〇〇呂田墟西端ヲ出発シ呂田墟―丹竹杭―頭―新岺下―白沙墟道ヲ白沙墟ニ向ヒ前進スル筈

三、聯隊主力ハ旅団本隊トナリ二十八日〇三〇〇呂田墟旅団ノ行軍序列ニ拠リ現在地ヲ出発

シ旅団ノ進路ヲ前進セントス
四、各隊ハ左ノ行軍序列ニ拠リ二十八日〇三〇〇呂田墟迄（まで）ニ現在地ニ出発準備ヲ完了シアルベシ

行軍序列も決定された。指揮機関の先遣（せんけん）隊、前衛がこれに追随し、本隊がこれに続き、最後尾を輜重兵中隊が固めるという隊列である。この輜重兵中隊のなかに森國久もいたのである。作戦は大がかりなものになりそうであった。原田中佐は二十八日午前三時、連隊の集合地に陣取り、先遣隊の先頭をきって呂田墟を出発した。

ところが東杭榮坳（とうこうえいよう）と呼ばれる地点において駄馬部隊、すなわち輜重兵中隊が遅々として進まなかった。この行程は難路が多く、後に森國久が自ら参加した作戦のうち、もっとも行軍が苦しかったと回想している行程に違いない。詩のなかで彼が「寸断された道」、「朝も昼も夜も、そして幾日も休むひまもなく征（い）った道」と表現しているのは、この太平墟の攻略戦への険しい道であったと私は推測する。

二十八日の真夜中の午前三時に呂田墟を出発した旅団が、当面の目標地点、白沙墟の途中地点である白楼（はくろう）にたどり着いたのは夜九時頃であった。実に十八時間も徒歩で行軍したのである。ここで先遣隊の戦況が「敵は我が軍に撃破（げきは）せられ続々東北方に向ひ退却中なり」と確認されている。旅団の次の標的は白沙墟付近に展開する国民党軍を撃破することであった。

翌二十九日の深夜午前一時三十分、指揮機関と第四、第五中隊は白楼を出発し、白沙墟に向けて前

進した。前進にはかなりの時間を要した。森國久らが属する配属輜重兵中隊は、二十九日の夜明けの午前六時に連大隊本部で待機していた残りの部隊、すなわち第二大隊段列、連隊段列とともに林田中尉の指揮の下、第三梯隊の後方について同じく白楼を出発し、白沙墟に向かって前進を始めた。このように日本軍の旅団はそれぞれの中隊、連隊ごとに相前後しながら白沙墟に向かったのである。

終局

ところが指揮機関と第四、第五中隊が二十九日午後二時三十分、途中地点の大湾に到着するやいなや、先遣隊より一つの情報が入ってきた。白沙墟を占領していた中国軍部隊が、先に白沙墟に向けて前進していた日本軍先遣隊に配属の独立山砲兵第二聯隊6BA部隊の攻撃を受け、すでに二十八日中に北方に向けて退却しているとの情報である。そしてさらに同部隊は先遣隊の命令により引き続きまず太平墟に向かい、そこで退却する敵を追撃する計画であるとのことであった。

そこで部隊は大湾に集結し、ひとまず休息をとった。するとそのとき、太平墟方向から銃声が聞こえてきた。ただちに連隊長は必要部隊を率い、銃声の聞こえる方向に急いで部隊を進めた。その銃声は国民党軍が日本軍の追撃に応射しながら退却する際の銃声であった。

連隊長が部隊を率いて大湾から白沙墟に向かう途中の湾子の南方台地に午後一時三十分頃到着してみると、すでに、先遣隊配属の大隊長の指揮下にあった6BA部隊はこの台地を占領していた。そして後続する日本軍部隊の前進を阻もうとする中国軍を制圧するために、さらに初麻嶺、およびその南方に位置する高地、すなわち風炉團北方高地に展開中であることが分かった。

旅団が隊列を組んで前進するときはいつでもそうだが、たとえ退却する敵であっても回り込んで側方からこちらの隊列を分断する敵の動きに備えなければならない。そのためには敵の動きを面でとらえなければならない。森國久らの属する輜重兵中隊は最後尾を追随するのであるが、歩兵や独立山砲兵らの使用する弾薬を保存・輸送し、補給する任務を帯びているので、攻撃に対して警戒を怠ることは許されなかった。それは作戦部隊全体の戦力の死活に関わることであったからである。

さてこの頃、旅団の先頭部隊は太平墟の東方五百メートル地点、すなわち下姚（かちょう）の南方に位置する高地に進出していた。後続の６ＢＡ部隊はこれに追いつき、湾子の南方台地にある敵の陣地を占領した。午後三時、４ＢＡ部隊と５ＢＡ部隊が相次いで到着し、同台地を占領した。この台地の占領によって、前衛部隊を支援する山砲兵部隊は、初麻嶺と風炉團北方の高地に陣取って日本軍の前進を阻もうとする中国軍を猛射した。するとこの砲撃によって、同軍部隊はまもなく西方および北方へ続々と退却を始めたのである。この台地の攻防戦を通して中国軍は五百人以上の兵士を失ったと記録された[50]。翁英作戦は山場を越えた。

ところがこの頃、第二十一軍から翁英の日本軍前線に初期の計画に変更を迫るような情報がもたらされた。その頃、はるか西方の南寧では、南寧作戦以後、同地を守備する日本軍部隊が中国軍の冬期攻勢に苦戦していた。その連絡を受けた同軍は、南寧守備軍を応援するために、当初予定していた翁英作戦の作戦期間を急きょ短縮するという決定を下したのである。そこで各参加部隊に対して翌三十日の午後七時、旅団は広州付近に転進するよう命令が下った。

この作戦用に細かく複雑に編成されていた連隊、中隊、部隊に対して、翌三十一日の午前十時ないし十一時までにもとの所属に復帰せよとの命令がこの日の夜の八時に下された。それと同時に、それぞれの隊が現時点で所在する場所に応じていくつかのルートに分かれて広州に帰還するための方法、手順が示された。連隊のうち呂田墟に待機していた一部兵員と馬も、連隊の指揮下に入り、帰還の命令を待つはずであった。

さて、翌三十一日午前十時三十分、準備が整った部隊からそれぞれの帰還コースごとに指揮官に従い、移動・転進が開始された。連隊は大波墟を経て難路の山岳地帯を突破し一月一日の夜明け頃に仏岡にたどり着いたのであるが、それは睡魔と戦う真夜中の行軍であった。

攻防戦が三十日に山場を越えたといっても、それ以降中国軍の攻撃がすべてなくなったのではなかった。帰路、仏岡に向かう途中、小銃を携えて住民のあいだに紛れていた中国軍兵士は、いくつかの地点で日本軍の前衛部隊の前進を阻もうと攻撃を仕掛けてきた。その都度、歩兵部隊と砲兵部隊がこれを撃退しながら広州の北方約八十キロメートルの仏岡に到達したのである。

こうして先遣隊は同地付近に兵力を集結し、翌二日、同地を出発して徒歩で前進し、最寄りの鉄道駅から汽車を利用して四日夜までに、広州の黄埔に帰還した。[51] 別の中隊や部隊も、先遣隊に続いてそれぞれのコースで黄埔に帰還したのであるが、森國久らの輜重兵部隊の行軍序列は最後尾なので、広州に向かうのは最後の日になった。とすると、一月一日に仏岡で夜明けを迎えた森國久らの部隊は、この日にここで松竹梅を飾って正月を迎えたということになる。

苦しい行軍の翁英作戦

森國久は翁英作戦を振り返って、それがもっとも苦しい戦いであったと述懐している。彼らはこの作戦に参加するあいだ、重い軍需物資を携行し、河に出合えば船にそれを積み込みそこを渡った。河が浅ければ駄馬の手綱（たづな）を引いて輜重兵たちは渡河（とか）した。時には河原で野営した。

日付は前後するが、仏岡で正月を祝う前に輜重兵部隊は先発部隊を追尾しながら幾たびも山越えし、いよいよ十二月下旬に目標地点を目指して最後の山越えをした〔註＝第Ⅰ部第2章の「牛頭嶺を越える」と題する詩に添えた写真は、このときの様子をカメラが捉えたもの〕。急峻な山の斜面の九十九（つづら）折りの道を彼らは進んだ。難渋の道であった。それは十二月三十日もしくは三十一日のことであった。亜熱帯地方の灌木（かんぼく）が山の斜面を覆っていた。輜重兵部隊は急峻な山道であろうが寸断された道であろうが、前衛に軍需物資を補給するためひたすら重い貨物、時には船さえ担いで前進しなければならなかった。彼らは武器・弾薬・食糧・飲料水などの軍需物資を積み込んだ荷車を駄馬[52]に引かせた。これら駄馬は荷をくくりつけて運ばせる馬で、競争馬よりも背中が幅広く馬力がある。そのような駄馬の背に荷物を左右に振り分けて運搬させたり、荷車を引かせたりした。駄馬は重労働に

愛馬にニンジンを食べさせる森國久

耐えられる体格の大きい軍馬である。それにしても重量物を背負い、あるいは荷車を引きながらの最後の山越えは、馬たちにとっても相当な重労働であったに違いない。そして輜重兵自身はといえば、渡河用の数百キログラムの船さえ、数人がかりで担いで山道を行軍した。それは想像を絶するような重労働であった。

輜重兵部隊は歩兵部隊のような迫撃戦、白兵戦[53]を経験することはなかったけれども、この行軍が森國久の部隊にとっても非常に苦しい行軍であったことにかわりはない。彼の部隊は行軍に疲れ果てて、峠を越えるとはるか遠くまで草地の広がる道の傍らで一休みした。水をみんなで分け合ってわずかに喉（のど）を潤（うるお）した。日はすでに西に傾き、今日では中国への旅行者が景勝地の桂林（けいりん）で見るような岩山のシルエットが夕暮れの空に幽霊のように浮かび上がる。谷間の方からゆっくりと霧が立ち上ってくるが、兵士たちは身動きはおろか空腹のために声さえ出すことができなかった。

彼のアルバムには「翁英作戦」と題した彼の部隊の集合写真が貼り付けられ、そこにはこう書き記されている。

「昭和十五年度正月の私達、喰うに米麦を持たなかった。カライモをかじって三日目、昨夜年の瀬の十時に、ここ宿営地に着くことができた。嬉（うれ）しいことに、モミを発見した。兵隊たちは未明までかかってそれを物にした。久しぶりに口にした米の味は矢張り無上のものだった。モミだらけのその飯を、涙の出る思いでがつがつ喰った。そして正月は嬉しかった。門松も立ててみたかった。」

日本軍部隊と国民党軍の部隊の攻防の終盤戦において日本軍が優位に立ったとき、日本軍の旅団全体に対して突如出された広州への転進の命令が三十日の夜のうちに森國久の属する渡河材料中隊に届いたのかどうかは明らかではないが、ともかく日本軍の予定された集結地に向かう最後の山越えを果たした。それまでの二日余りの間、彼らはカライモだけをかじって飢えをしのいだ。わずかしかない食糧を駄馬にも分け与え、水も飲ませ、励ましながらここまで前進してきたのである。

そして峠道を下り、十二月三十一日、ようやく指示されていた宿営地にたどり着くことができた。この宿営地の「馬司」と書かれた表札のかかる建物の前で、國久は牛頭嶺を越えた部隊の面々と、一枚の集合写真に収まった。この宿営地に着くと、輜重兵部隊の誰かが籾を発見した。それを何人かの兵士が、器に入れて棒か石で突くか叩くかして、籾混じりの玄米にした。それを洗って炊きあげた。その飯を「涙の出る思いでがつがつ喰った」という表現はまことに実感がこもっている。これが彼らにとって正月にありついた無上のご馳走であったのだ。

馬司の前に立つ森國久（2列目6人の右から4人目）

ここに一枚の写真が残されている。この写真に國久は「昭和十五年一月、喰うに米もなかった。イモを掘って元旦を迎え、天幕（てんまく）はみすぼらしいものではあったが供物の竹、松、梅はすばらしいもので、南の正月はまハダカでは、らしくないようだ」と書き添えた。

この写真と書き込みから何が想像されるだろうか。腹が落ち着くと、実際に門松を立て、皆で正月を祝う準備に取りかかる指示を森軍曹は出した。彼は部下たちをねぎらうつもりでそうしたのである。部下たちは亜熱帯のこの地方のどこでどう探し出したのか、松竹梅を手に入れてきた。そして正月のかざり付けをみんなで楽しみ、元旦を祝ってしばしの休息を満喫（まんきつ）した。写真では前列左から二人目が森軍曹である。

戦場の正月を祝う森國久（前列4人の左から2人目）

第4章　翁英作戦から賓陽作戦へ

賓陽作戦—森國久が参加した第六の作戦

森國久が参加した第六番目の作戦・戦闘は賓陽作戦である。この作戦は、これに先行する南寧作戦とあわせて太平洋戦争への導火線となった。

独立山砲兵第二聯隊の記録によれば、この作戦は一九四〇年一月十三日に開始され同年二月十日に終了した作戦である。二月十日という日付は翁英作戦が公式記録上で終了した日付と同じなので、この両作戦が緊密に関係し合った作戦であったことが示唆される。しかもこの両作戦と、先行する南寧作戦とは緊密に連動していたのである。

賓陽作戦と南寧作戦の関連

さて一九四〇年一月半ばに開始された賓陽作戦は、中国南部に位置し、現在のベトナムとの国境まで直線距離にして約百七十キロメートルの軍事的要衝の都市である南寧の攻防をめぐる戦争であった。前年の南寧作戦で勝利し南寧を占領した日本軍は当時欽寧兵団と呼ばれた守備隊だけをそこに残し、他の部隊を引き上げた。ところが、国民党の蔣介石が指揮する巨大軍団が南寧目指して冬期攻勢をかけてきたのである。奪還を目指す中国軍は兵員の数において劣る日本軍守備隊を包囲して圧力を強め、苦境に立たされた南寧の日本軍守備隊を援護し、中国軍を押し返すために計画されたのが賓陽作戦であった。

賓陽作戦のねらい―南寧の危機打開

このような欽寧兵団の危機的状況を打開するために、日本軍は空軍力の大増強を図り、陸軍三十機、海軍七十五機の爆撃機が新作戦のために配備されることになった。(54) これが追い詰められた欽寧兵団の危機打開の切り札となったのであるが、ここからが南寧の死守にかける賓陽作戦の始まりである。作戦開始は一月二十五日と決まった。それまでは支援部隊の編成、兵力の移動、武器弾薬の調達などの準備期間である。賓陽というのは崑崙関（こんりんかん）の北方約二十五キロメートル地点の地名であり、盆地状の平地を北方から西方にかけて見下ろす複雑な地形の山岳地帯である。作戦のねらうところは、中国軍を八塘（はちとう）付近に引きつけておいて、賓陽以南の範囲で殲滅（せんめつ）するというものであった。(55)

この作戦を実行に移すために第二十一軍司令官の部下の副参謀長は、南寧の第五師団を救援する目的で、翁英作戦の「作戦縮小、広東へ反転」を突如命令した。(56) この命令に森國久の部隊もくたくたになりながら戦闘部隊がすでに到着している地点に向けて十二月三十日に最後の牛頭嶺の山越えをし、三十一日に転戦のための集合地点に他の部隊の後を追って集結した。

中国軍の陽動作戦

日本軍が命名した翁英作戦と賓陽作戦は、中国軍から見れば、互いに直線距離にして七百キロメートルも離れた二つの攻略地点の作戦を密接に絡めた陽動（ようどう）作戦であった。戦略に長けた蔣介石のことだ。

蔣介石の真のねらいは南寧奪還にあり、それを有効ならしめるために、広東省北部に横たわる長大な南嶺山脈から広東省都の広州を攻略する要衝の地、すなわち翁源と英徳を制圧する動きを日本軍に見せつけることによって、第二十一軍の兵力をここに引きつけておき、その間に同時作戦として南寧の日本側守備軍を大軍によって包囲し、殲滅させるという作戦であった。中国軍の二十五師（十五万四千名）が、南寧東北方の崑崙関に猛攻をしかけた時期と、広州めがけて南下してくる中国軍を北方に押し返す翁英作戦の開始の時期とがほぼ重なり合っていたことが、南寧攻略を直接指導した蔣介石の意図を裏付けている。これ正に蔣介石の深謀遠慮なる陽動作戦だ。その作戦の成否は後で分かる。

賓陽作戦に参加する森國久

正月気分がまだ醒めやらないうちに、森軍曹たちの部隊も一旦翁英方面から再び南下し仏岡を経由して広州に引き返した。一月十日のことである。その頃になると南寧をめぐる戦局が日に日に慌ただしさを増してきた。中国革命軍（国民党軍）の動きに対応するため、賓陽作戦を開始するとの指令が出された。一月七日から十三日にかけて、森が属する兵站部隊も、大急ぎで黄埔の港で食糧、武器・弾薬、馬等を輸送

広東の黄埔港

船に積み込んだ。

広州の黄埔港を出港し、ゆったりと流れる珠江を下る。河口付近まで来ると左方向には当時イギリスの租借地であった香港が、右方向にはマカオが見える。河口を出るとそこはもう南シナ海である。ここから欽州までは千三百キロメートルを超える船旅だ。

森軍曹の上官である安藤部隊長は、軍用犬として連れてきた愛犬と輸送船の甲板に立ち、南シナ海のどんよりした空を仰ぎ、鉛色の海を見渡しては、賓陽作戦における任務の重さを噛みしめていた。輸送船団はこれらの物資と兵員を乗せて欽州に向かう。

兵員輸送船団が海南島に近づいてくると、海抜千八百メートルを超えてそびえ立つ五指山が大きく視界に入ってくる。海面まで視野に入れると、五指山は高々と雲を突く高さである。そこから輸送船団は海南島を右手に見ながらひたすら南下した。そして海南島の南端に位置する三亜港に一旦集結して大船団の態勢を整えた。その港を出て間もなく右に大きく旋回すると兵員輸送船団はふところの深いトンキン湾に入るのだ。そして右方向に海南島を見ながら

豊かな水を湛える珠江

今度はまっすぐ針路を北にとった。目指す目的地、欽州はこの大きな湾の北辺にある。中国軍はすでに戦術的退避をおこなっていたから、船団は難なく欽州に上陸した。

南寧に向けて

最後尾の森國久らが欽州に上陸を開始する前の、先発隊の状況を振り返っておこう。

欽州湾に上陸した近衛混成旅団と第十八師団はデルタ地帯に網の目のように張り巡らされたクリークと、それとほとんど見分けがつかない悪天候下の田野を、日本軍守備隊が守る北北西方向の南寧に向けて進んだ。欽州から南寧までは直線距離にして約百キロメートルだ。欽州と北方に位置する南寧の間に、この地方の幹線道路、すなわち欽寧公路が通じている。欽江を渡り、全行程の半ばまで来るとそこは四方嶺だ。この嶺のつづきにスーファン山地が横たわる。いずれも標高はそれほど高くないが、行軍となると大きな負担だ。

この行程で、日本軍が四方嶺とスーファン山地を越え、南寧に近づくと南寧を包囲する中国軍と各所で衝突した。中国軍は東西から日本軍に妨害攻勢を仕掛けたが、日本軍の先発隊はそれに反撃を加えながら進んだ。一月二十二日には邕江を渡って先発隊が南寧に到着し、その後も他の部隊が続いた。広東の広州を出発してから後発隊が到着し終わるまで、およそ一週間から十日余りを要した。作戦開始までに森國久らの輜重兵部隊が運んだ武器、弾薬、食糧などの補給物資が南寧に集積された。

その頃、南寧北方の崑崙関周辺では、日本軍第五師団の支隊が、南寧に集結する日本軍主力の到着を待つあいだ北の守りを維持するために戦闘を続けていた。そこは南寧を防衛するための、いわば

「北の要塞」である。

崑崙関を北に越えると、桂林―ハノイ・ルート上の道路交通の要衝である賓陽に至る。[57] 賓陽作戦の「賓陽」とはこの地名にちなんだ命名である。それは高峰はないが峻険なターミン山地のなかにある。このルート上にあってさらに北方の都市、柳州とのあいだ一帯は、間もなく日本軍と中国軍との大規模な戦闘の舞台になろうとしていた山岳地帯である。

同じ頃、中国軍は、桂林と柳州を基地として多数の戦闘機を動員し、南寧方面への地上攻撃を繰り返していた。これに対して日本軍では、陸軍飛行隊が陸軍の歩兵を中心とする地上軍を空から援護するかたちで共同守備の体勢をとろうとしていた。その一方で日本海軍の航空隊が桂林と柳州の飛行基地を攻撃しながら、次第にこの地帯の制空権を獲得しつつあった。このようにして南寧を中心に日本軍勢と中国軍勢の布陣が決まった。

これら日中両軍の動きは、間もなく火ぶたが切られることになる大規模会戦の、いわば前哨戦ともいえる動きであった。

崑崙関の大会戦―日中の激突

一月二十八日、会戦の火ぶたが切って落とされた。両軍が投入した戦力は如何ほどか。日本軍は約五万人の兵力を、中国軍は十五万四千人余りの兵力を投入した。それほど大規模な会戦であった。おそらく日中戦争中では最大規模の部類に属する会戦であったといえるのではないか。いよいよ日本軍が、北方の山岳地帯に布陣する中国軍に攻撃を仕掛けたのが、大規模衝突の始まりの合図となった。

日本軍は戦闘機を用いて、まず橋の爆破を進めた。橋は中国軍にとっては攻撃用としても退却用としても戦略上・戦術上の利用価値が高い。それは日本軍側から見ても同様である。そのような橋の爆破によって、中国軍側の戦略・戦術上の自由を奪おうとしたのである。そして他方では、日本軍は攻撃を容易にするために地上軍による橋の占領を進めた。こうして中国軍に対して二重包囲網を構築し、それを次第に狭めていくという作戦をとった。夜も硝煙（しょうえん）が消える暇がないほどの攻防が続いた。両軍の兵士は昼夜の区別なく戦わなければならなかった。

およそ十日間にわたる攻防ののち、二月八日には日本軍各部隊は、蔣介石総統（しょうかいせきそうとう）の部下の司令官が指揮する中国軍部隊を敗退させた。そしてまもなく、大量の戦力を失った中国軍と日本軍双方の戦死者の屍（しかばね）を後に残し、日本軍主力は南寧を目指して移動しはじめた。各方面に展開し作戦に参加していた他の日本軍部隊も少なからぬ数の戦死者を残して十三日に南寧に集結し、すべての作戦を終了したのである。こうして日本軍は目的通り、南寧方面から中国軍の勢力を排除することにひとまず成功した。

第5章　良口会戦から北部仏印進駐まで

弾丸が耳をかすめた良口会戦

森國久が参加した第七の作戦・戦闘は良口会戦である。

公式の記録［註＝国立公文書館アジア歴史資料センター、Ref.C11110444500］によると、第二十一軍の作戦全体の行動開始日は一九四〇年五月七日である。そして作戦参加任務を終了した部隊が広州への帰任のために広州北部付近の某所に全員集結し作戦が実質的に終了したのが六月十四日である。森國久らの部隊はこの期間中の一部、すなわち五月十三日から六月十二日までのちょうど一ヶ月間、この作戦に参加した。以下そのあらすじを記そう。

賓陽作戦が終了し広州の警備に当たり始めてからおよそ三ヶ月間、これといった作戦もなく平穏な日々が続いていた。ところがちょうど五月に入ると、良口で事態が動き始めた。さて、その良口はどこにあるのか確認しておきたい。省都広州市の中心部から、現在ではG45（国道四十五号）に沿って北東方向に進むと、革命後に整備された流渓河国家森林公園にたどりつく。山間地をなすこの公園の西の麓が良口鎮である。現在の住所表示では広東省広州市従化区良口鎮という。日本の都市の広さと比べると、現在の広州市域はずいぶん広く、長大な南嶺山脈につながる山岳地帯も広州市域である。良口会戦はこの良口鎮を中心に闘われた、丘陵地と山岳一帯での会戦であった。この作戦の目的は

「第二十一軍の宜昌作戦に呼応しその衝撃を大ならしむると共に敵の戦力を破権し爾後の警備を容易ならしむる目的[58]」で企画され実行に移されたものである。ここに記された目的はずいぶん大げさな表現である。宜昌作戦の「宜昌」とは広州のはるか北方の、東の漢口と西の重慶を結ぶ公路上の都市である。ここを攻略して日本軍の戦線を拡大し、国民党の重慶政府に圧力をかけようとするねらいが宜昌作戦にあったのだろう。なるほど確かに同年の五月十三日、日本軍は重慶など「中国奥地航空爆撃作戦」を開始しているので、「敵の戦力を破権し」という点において、南嶺山脈や広東省に展開する中国軍の戦線を宜昌や重慶支援に向かわせないで広東省内にひきつけておくという作戦的意味合いがそこにあったと理解できる。

しかし実はそれほど大げさな目的を掲げなくてもよかったのである。広東省内では日本軍の占領地の多くは、点あるいは狭い面にとどまっていたので、常に敵による奪回の標的になっていた。そして何よりも司令部のある広州は、来るべき北部仏印進駐に備えて出撃地点として守備しなければならなかった占領地であった。そのような占領地の警備を容易にするために、隙あれば迫ってくる背後の敵を油断なく押し返す必要にせまられていたのである。したがって森國久の軍務の大半は占領地、広東の警備とその背後に迫る敵を押し返す作戦―いわゆる治安戦―に参加することであった。中国の地図を広げて眺めてみると、占領地の維持がいかに膨大な兵員を必要とする難事業であったかが想像できるだろう[59]。

さて広州中心部から良口までの約八十キロメートルの道のりを進むには、高速道路を利用できるようになった今日では一時間前後で到達する距離だが、重い軍需物資を運搬しながら、あの時代に徒歩で行軍するには、一時間あたり四キロメートル行軍できるとして、二十時間は要する。さぞかし重労働であったに違いない。このとき森國久は二十七歳であった。

この会戦では、森國久が属する渡河材料中隊も、馬を駆使して武器弾薬の輸送に当たった。森國久も小隊の指揮を執りながらこの山稜地帯での戦いに参加した。歩兵部隊に追随しながら、実際に川を渡り中国国民党軍と戦った。この頃になると兵站部隊も機関銃を備え敵からの攻撃に備えて応戦する態勢を整えていた。渡河の最中でも弾丸が耳をかすめる。兵士にとっては毎日が生死を分ける一日であった。

仏印進駐とその背景

いよいよ森國久が参加した最後の作戦・戦闘である北部仏印進駐の話に入る。仏印とは現在のベトナムにあたる。

良口会戦が終わり広州に帰任すると、広東省に布陣する日本軍の任務は、広州市を中心とする広東省内の、支配地といいながらも不確実な支配地をいかに防衛し、維持するかということであった。中国軍との間で良口会戦のような中規模の作戦や小競り合いはあったが、南寧作戦や賓陽作戦のような大規模な作戦のない月日が流れた。

振り返れば、一九三七年七月に勃発した日中戦争は、短期で決着を見るはずであったにもかかわらず、泥沼化の様相を深めていった。それから華南での一大決戦であった一九四〇年の南寧の作戦までに、はやくも二年六ヶ月の歳月が経過した。軍部が短期で終わらせる予定の戦争は終わりそうになかった。

日中戦争の帰趨（きすう）は、短期的にみれば個々の戦場でどれだけ優れた戦術を駆使するか、また兵員の戦闘能力と士気がどれだけ発揮されるかということにかかっていた。また同時に当事者が、食糧をはじめとする軍需物資をどれだけ補給することができるかという、より長期的な戦争遂行に必要な条件の確保にかかっていた。南寧を日本軍も中国軍も重視したのは、南寧が北仏印のハノイとハイフォン（海防）に連なる日中戦争の補給ルート上の要衝の地であったからだ。(60)

北部仏印進駐と第二次世界大戦

日本軍の北部仏印進駐は第二次世界大戦と密接に関わっている。そこで仏印進駐の話題に入る前に第二次世界大戦のことに少し触れておきたい。

第一次世界大戦が終わり、一九一九年一月に始まった敗戦国ドイツが参加しないパリ講和会議は一九一九年六月のベルサイユ条約の締結で終わった。この条約にもとづき敗戦国ドイツは、植民地の放棄、アルザス・ロレーヌのフランスへの返還、軍備縮小、莫大な賠償金の支払等を受け入れさせられた。ドイツ国民にとっては厳しく受け入れがたい内容であったが、致し方なかった。このベルサイユ条約と他のいくつかの個別条約にもとづいてヨーロッパ（ある意味では中近東やアジアも含む世界）に生み出された新しい国際秩序がベルサイユ体制である。新しい国際秩序のもとに一民族一国家という考え・気運が勢いづく過程で、エジプトやアジアの諸民族を除けば数多くの独立国家が誕生した。

ここに安定した新秩序が生まれるかに見えたヨーロッパに、やがて二種の全体主義国家が現れた。

一つはソビエト連邦に代表される左の全体主義、これに少し遅れてもう一つはナチス・ドイツに代表される右の全体主義である。(61) この二種の全体主義が、のちに二十世紀前半のヨーロッパ全体の政治情勢の帰趨を方向づけ、その影響はやがてアジアにも及び、日中戦争にも影を投げかけていった。

敗戦国ドイツでは一九一九年にワイマール憲法が制定され、ワイマール体制のもとに民主政治が歩み出した。が、予想に反して戦後復興は財政的に苦難の道をたどった。高い失業率に加えて莫大な賠償金の支払いは経済再生の足かせとなった。そのうえ一九二九年十月二十四日、ニューヨーク株式市場における株価の大暴落は世界恐慌を引き起こし、その影響は世界に波及した。銀行が相次ぎ倒産し、また製造業と鉱工業が特に大きな打撃を被り、農産物価格は暴落し、失業者が巷にあふれた。

このような難局に直面したとき、資源をもつ国は保護主義的政策をとって自国経済を守ろうとしたが、自国内に資源を待たず、植民地も持たないドイツ、日本、イタリアのような振興の産業国は資源と市場を求めて周辺国の領有・植民地化を進めることによってこの事態を切り抜けようとした。ドイツは周辺国に覇権の手を伸ばし、イタリアと同様、アフリカ大陸に植民地を求めた。日本は中国での植民政策を進め、さらに東南アジアにも資源を求めた。

一九三二年、ドイツ議会の選挙で民衆の不満を背景にナチス党は大量得票した。一九三三年一月に大統領がヒトラーを首相に任命した。彼は行政権・警察権を掌握し対抗勢力の弾圧を進めた。一九三四年八月には総統に就任して全権力を掌握した。一九三五年にはベルサイユ条約を破棄し、再軍備を宣言する。ここからドイツの領土拡張の動きが加速していく。

一九三六年にドイツ軍はラインラントに進駐した。ドイツによるベルサイユ条約の破棄の第一歩が始まった。同年に日独防共協定が締結されると、同国は一九三八年に日本によって建てられた満州国を承認する。と同時に日本と敵対していた中華民国に派遣していた軍事顧問団を召喚し、中華民国と政治的・軍事的距離をとった。

一九三九年にはドイツ系住民の保護を名目にチェコスロバキアに侵攻し、これを併合してしまった。さらに同年八月に独ソ不可侵条約を締結しておいて、九月一日にポーランドに侵攻し、続いてポーランドに侵攻したソ連とのあいだでこれを分割領有した（ポーランド分割）。これによってポーランドはついに崩壊したのである。イギリスとフランスはこのポーランド侵攻をきっかけに九月三日、それまでの対独宥和（ゆうわ）の姿勢を転換してドイツに宣戦布告した。ここに第二次世界大戦は始まった。

年が明けて一九四〇年の春には、ドイツ軍は北方のデンマークとノルウェーに侵攻してこれを制圧し、西方のベネルクス三国とフランスに電撃侵攻した。英仏連合軍は追い詰められ、戦力において劣勢であったフランスはパリさえ守り切れずに六月十日、ボルドーに政府を移した。六月十四日にドイツ軍はパリに無血入城するとボルドーのレイノー内閣は総辞職した。フランスではドイツ軍の駐留が始まった。このとき前国防次官で抵抗派のドゴール准将はイギリスに亡命して「自由フランス」を組織し、六月十六日にレイノーに代わって対独和平派のペタン元帥（げんすい）が政権をとりドイツの意のままになるヴィシー政府を樹立する。この政府は六月二十二日に対独休戦協定を結び、それ以降、ドイツに協力的な政権運営を続けた。この政権のもとでフランス国民の大多数は沈黙を余儀なくされた。ヴェルコール作の『海の沈黙』（“Le silence de la mer”）という作品[62]は、そのようなヴィシー政権下で生きたフランスの一女性が、ナチス・ドイツの将校に沈黙という手段で抵抗する姿勢を描く抵抗文学の代表的な作品である。

このようにしてイギリスを除く西ヨーロッパの国々はほとんどが、ナチス・ドイツの軍門に降ってしまった。こうして西ヨーロッパにおいては、この全体主義国家ドイツに対抗するのはイギリスのみといってもよいくらい、議会制民主主義の国家は存亡の危機的状態に陥っていた。

日本は、このような一九四〇年の五月から六月にかけてのフランスをめぐる慌ただしい政治的・軍事的変貌に注視していた。そこで六月の半ば、フランスの劣勢が著しいと判断すると、仏領インドシナ政府のカトルー総督に対して、ハイフォンとハノイを経由する援蔣ルート（仏印ルート）の閉鎖をもとめる要求案を示した。カトルーはある判断の下にこれに同意したが、日本側からの要求はエスカレートし、六月十九日には、仏印ルートの完全な閉鎖の約束を二十四時間以内に行うよう回答期限を厳しく切ってカトルー総督に要求した。それはフランスにおける権力の移譲の隙を突いた日本側の巧妙な駆け引きであった。やむなく彼は駐日フランス大使のアンリの助言を受け、本国政府の承認を得ないまま、日本側に対して仏印ルートの閉鎖と、その履行状況の監視を任務とする日本側監視団の受け入れの約束を行った。

日本の大本営はフランス側がその約束を確実に実行するかどうかを見張るために、六月末に監視団をハノイに送り込んだ。監視団を率いたのは交渉派の西原一策少将であった(63)。彼には、忍耐強い交渉を旨とし、性急な軍事行動をとらないようにという天皇の意向が、閑院宮参謀総長から伝達された(64)。

にもかかわらず、中野によれば、もともと監視団派遣という「生ぬるい」やり方に不満であった安藤利吉中将の率いる南支方面軍(65)は、「東京の参謀本部首脳に強硬に申し入れ」、要求を通して心情派で直接行動型の軍人である佐藤賢了大佐を副団長として参加させた[66]。ねらいは、大局を判断できると同時に臨機に交渉を進める理知（りち）派型軍人であった西原一策少将の交渉そのものを監視することにあった。佐藤大佐の任務は、引き延ばし戦術を駆使する仏印総督側に対して西原一策少将が、説得本位の交渉をしないように監視すること、場合によっては両者の交渉過程に介入し妨害策動の手段を講じることであった。

このような陣容で日本が監視団をハノイに送り込んだその少し前、すなわちヴィシー政府が対独休戦協定を結んだ六月二十二日のことになるが、この政府は、独断で日本の要求を受け入れたことを理由にカトルー総督を解任し、代わりにドゥクーを総督に任命した。カトルーは解任されたのであるが、カトルーが取り決めた内容自体は、この人事の後にも撤回されなかった。そこで日本側の代表である松岡洋右（まつおかようすけ）外相と、フランス側の代表であるアルセーヌ＝アンリ駐日大使との間で協議が再開され、およそ二ヶ月の間に日仏の政治経済関係と日本軍の仏印進駐に関する協議が進められた。その結果、八月三十日に《松岡―アンリ協定》が締結されたのである[67]。進駐の細部や時期についての折衝と調整の任務は、大本営から監視団代表の西原一策少将に任された。フランス語の堪能な西原はその任務に関しても適任であった。しかし、仏印側は当然のことながら進駐を歓迎していなかったので、さまざまな理由をつけて交渉開始を遅らせようと試みた。陸軍内に浮上してきた南進論の急先鋒（きゅうせんぽう）で、フランス側の姿勢に不満を募らせた対仏強硬派の富永少将は武力進駐の姿勢をほのめかして仏印側に脅しをかけたので、フランス側は譲歩して交渉開始のためのフランス側案を日本に提示した。日本側案とフランス側案とは食い違いがあったが、日本側はフランス側案を受け入れ、アンリ・マルタン現地司令官と軍事顧問団代表の西原一策少将との間で日本軍の進駐日時の取り決めを含む《西原―マルタン協定》が九月四日に調印された。(68)

ナチス・ドイツによるフランス侵攻とフランス支配は、日本側から見れば、東南アジアの天然資源の確保をねらう足がかりとしての北部仏印進駐を後押しする絶好の戦略モデルと絶好の機会を提供するものとなった。日本軍（陸軍）が戦争不拡大の方針を南進へと変更したのである。一方で陸軍は仏印進駐によってハノイ―南寧―柳州の援蔣ルートを閉鎖し、他方で海軍は「米英蘭との戦争」拡大方針を実行に移す足がかりにしようとした。日本側は強気であった。(69)

日本軍による北部仏印進駐

このようにして協定にもとづく公式の日本軍の仏印進駐が、約束通り「九月二十三日零時以降」穏やかに進むかに見えた。というのは、仏印側と日本政府の間には先頭部隊だけが「海防」すなわちハイフォン港に入国できるという合意が成立していて、その他の日本軍部隊はその二時間後の二十三日午前零時をもって進駐することができるという厳格な取り決めが交わされていたからである。(70)

だが、東京の大本営の命令を待たずに、現地陸軍内の短気で気のはやる強行派が謀（はか）って、一九四〇年九月二十二日に北部仏印に強襲をしかけたのである。(71) 中野によれば、仏印守備隊は応戦し、ドンダン要塞（ようさい）付近の大激戦で、仏印軍は連隊長以下全滅した。さらに日本軍は大量の兵員を動員して北部仏印の軍事基地ランソンを攻略したのである。このような進駐については越智春海と同様、永沢道雄もその詳細を語っている。(72)

「東京の大本営の命令を待たずに」下部組織内の強硬派が独断で行動を起こすとなると、東京にある大本営の最高の司令塔としての権威は失墜したも同然である。この暴走に驚いた大本営の厳命によって、すでに始まっていた国境付近での戦闘は二十五日までに停止された。全面衝突を回避したいドゥクー総督の指令で、フランス軍部隊も間もなく抵抗を停止した。しかし仏印政府は日本側の協定違反に怒り、日本軍のハイフォン港からの海上進駐を認めなかった。

すると、二十六日の夜明け方、ハイフォン港は陸軍と連携をとっていた日本の海軍機によって爆撃された。これと呼応して、作戦に備えてすでに広東から海南島に移設していた第二十一軍の南支方面司令部(73)に服属する西村兵団三個大隊が、輸送船団を組んでトンキン湾に面するドーソン海岸のフクサ、コックトラン付近に抵抗を受けることなく急襲上陸し、同時にハイフォン（海防）に進駐した(74)。フランス軍守備隊はこの強襲の前には沈黙するのみであった。下手に応戦すれば、仏領インドシナ全体を日本軍に奪われかねないことを懸念したからである。

このようにして日本軍による仏印進駐は、公式発表通りの平和裡におこなわれた進駐であるどころか、ドンダンやランソンではフランス軍捕虜全員を日本軍が銃殺した痛ましい流血進駐、中野の表現によれば「日本軍の面目を汚した、奇怪な北部仏印流血進駐(75)」であった。

北部仏印に対する、感情に駆られたこのような強襲にどれだけの《戦略的合理性》があるのであろうか。《戦略的合理性》などというと平和主義者からは非難されるかもしれないが、戦争を碁盤の上のゲームにたとえるならば、二国間のこの相互行為はあたかも碁盤の上で相対峙する棋士たちの陣取り、石の切り合い、あるいは碁盤上の代替ルート確保のために新たな布石を打つという発想に通じる。

常に全体を俯瞰する戦略的合理性の判断のもとに、感情に動かされず、相手の布石の意図を的確に読み取り怜悧な計算のもとに合理的で、それゆえ最適の布石を打ち続けた者が最終的な勝利を収めるのである。そこでは黙って相手の視点を借りることもまた必要なのである。反対に、この仏印進駐のように、対戦過程での感情の揺らぎを制御できない奇襲・急襲の戦術による気短な戦いは、短期的な勝利を収めることができても最終的な勝利を逃すのである。

最終的な勝敗は太平洋戦争の終盤に入ってから次第に明らかとなる。その後、陸軍内の主情派の現場暴走の傾向に拍車がかかり、海軍内の主情派と呼応して大きなうねりとなり、一時的な勝利に酔いしれる集団的狂気と、いずれ表面化する玉砕の悲劇のあいだを揺れ動きながら、やがて太平洋戦争の破局へとつながっていく。

森國久の北部仏印上陸と現状認識

こうして日本軍の主情派は、それまでの長大な戦線の確実な補給路を確保しないままに戦線をさらに拡大し、ある種の神話的幻想[76]を抱きながら北部仏印進駐に自信を深め、南部仏印進駐を謀り、西洋文明の雄たるアメリカとアジア文明の盟主たらんとする大日本帝国の《最終戦争ロマン》―満州で石原莞爾が夢見た戦争ロマン―の太平洋戦争への準備を着々と進めていた。

すでに第Ⅰ部第2章で扱ったように、森國久は日本軍の北部仏印進駐をめぐって一編の詩を書き残した。そこではハイフォン港へ上陸した際の日本軍の高揚した気分を共有するかのように、進駐の主題を軽やかに歌い上げている。捕虜の取り扱いに関する国際協定に抵触するフランス兵捕虜の大量銃殺という悲劇が起こっていたにもかかわらず、「平和裡に」達成されたという公式発表以外にこの進駐作戦の実像を知りえない彼にはやむを得ないことであった。

とはいえ彼の詩のなかで唯一この詩だけが定型詩の形をとっている。また連ごとの番号も割り振られている。そして詩句の内容も表現もいささか型にはまった「検閲合格間違いなし」のそれなのである。軍歌風の曲がつけられるならば、そのままで軍歌になるような「作詞」なのである。しかもこの詩には作詞者の名前が「森久」とペンネームで記されている。これはいったいどういう意味なのだろうか。それは、森國久が己の人格を本当の自分「森國久」と仮の自分「森久」とに意識的に振り分け、戦争の時代に適応しようとしていた証であるように私には思われる。

日本への帰還

日付は前後するが、一九四〇年九月十五日に彼は輜重兵軍曹から一般の軍曹になった。その数日後に仏印進駐の作戦に参加したが、間もなく除隊命令が届き、その年の十二月十四日に輜重兵第六連隊に転属となった。そして軍曹森國久は、同じ年の十二月十六日、広州の黄埔港から輸送船に乗り込んで八日間かけて再び日本に戻ってきた。十二月二十四日のことである。広島県の宇品港に上陸した翌日二十五日に熊本の輜重兵第六連隊補充隊に到着した。そして年の瀬もいよいよ押し詰まった十二月三十日に正式に召集解除を受けた。妻政子は長女の蓉子を連れて第六連隊補充隊の駐屯地まで面会に出かけ、そこで、真っ黒に日焼けした國久と二年六ヶ月ぶりに再会することができた。

父國久が出征したとき蓉子はまだ四歳足らずであったので、再会できた父の顔を覚えていなかった。

「今日はお父さんと会えるんだよ」と母から言い聞かされてはいたものの、黒々と日焼けした國久の顔を見た瞬間、蓉子は後ずさりし、口もろくに利けず泣き出してしまった。無理もないことである。とはいえ、このようにして再会した親子三人は久々に正月を共に過ごすことができたのである。

十二月三十日に召集解除を受け、兵役から完全に離れた。正月を家族でゆっくりと過ごしたが、まもなく熊本県警に復職し、阿蘇外輪山の南麓（なんろく）の田舎町にある砥用（ともち）警察署の経済係に配属された。この部署に配属されたことは休息のひとときにもなったし、また戦争体験を回顧する時間の余裕を与えられることにもなった。

しかし彼のこのような平穏な生活とは裏腹に、日本は、海軍が描いた筋書きどおりに南部仏印からオランダ領インドネシアへと進出し、アメリカと正面衝突する太平洋戦争へと突き進んでいったのである。南十字星が輝くハノイの夜のレストランで、幾たびもの苦しかった作戦のことや将来の抱負や希望を語り合った戦友は、赤道直下のオランダ領インドネシアで、現地から森國久のもとに届けられた一通の便りを最後に消息を絶った。

あとがき

森國久のことを書いて出版しようと決心してから五年余りの歳月が過ぎた。早いものである。執筆の最初のきっかけは森純子・段下文男編著『地方創生に駆けた男　天草架橋・離島振興に命を賭した森國久』に出会ったことである。そして、私の決心を固めさせたのは森國久が遺した一冊のアルバムであった。写真や絵が発信するメッセージ性に関心がある私は、このアルバムの一枚一枚の写真と余白に書き添えられた詳細な説明の内容に引きつけられた。この出会いがそれ以降の五年間の私の歩みを方向づけた。私の余生がこんな道筋になろうとは予想もしていなかった。

執筆に取りかかりはじめたものの、ほぼ同時期に、世に忘れ去られたこの森國久の事蹟を掘り起こし顕彰しようとする声が有志の間から沸き起こり、「森國久顕彰会」という団体を立ち上げることになった。私もそれに参加することとなり、仲間と共に事務局を切り盛りする多忙の身となった。会報の原稿執筆・発行、銅像建立の募金活動の企画・実施、巡回写真展の企画・開催、講演会やシンポジウムの企画・開催など、諸々の仕事が森國久の資料読みと原稿執筆の仕事に並行した。

多忙の中で執筆を続けられたのはなぜだろうと今更ながら振り返る。そのときの答えは一つである。後の政治家時代も含めて、森國久という人間が持つ、例えようのない魅力である。とびきり偉い人でもない。どこにでもおりそうな平凡な人間でもない。議論の相手を前にしたときは舌鋒鋭く理路整然であった。熟慮断行を旨とし、何事も容易にあきらめない努力の人でもあった。けれども半面、他者に対する共感、助力と心配りを惜しまない人間でもあった。これ以上さらに彼を表現しつくすには私の持ち合わせの語彙では用を成さないかもしれない。

ところで、この書の元の企画について触れておきたい。実は当初、『小さな巨人―森國久の航跡』という書名で一冊の本を出版するつもりで四十八年の生涯を伝記風に書き進めた。ところが、原稿量が徐々に膨れ上がり、二〇二一年二月の時点でついに四十万字を超えてしまった。これでは二冊の本に分けるしかないと判断して字数を大幅に縮小しながら編集し直した。そして、一冊を『戦場の詩人―森國久の写真詩と日中戦争』と題した。次に、森國久の政治家時代に焦点を当てたもう一冊は『天草の振興と架橋運動―森國久の実践―』と題した。こうして二冊の本を前後して刊行することになった次第である。

当初、『戦場の詩人―森國久の写真詩と日中戦争』の内容に相当する部分の原稿を書き始めたとき、日中戦争について自らの歴史認識が盲点だらけであることを痛感させられた。そこで二十数冊の書籍を取り寄せ通読することになったが、そのような機会を得たことは、執筆に伴う貴重な副産物であった。私にとっては「新しい過去の世界」が開けたのである。そこでは過去の戦争が過去の出来事にとどまらず、日本の未来のあり方を問うための貴重な示唆に富む、ということも学んだ。

人はこの世に生を受けた時代とその社会のあり方に大きく制約され、影響を受ける。森國久もその一人である。容易には抵抗しがたい召集令にしたがって、「異国の戦場」に赴いた。そこで、いわば非日常性の色濃い空間の中にあって、彼の意識も無意識も共に鋭い緊張をはらむ非日常性を経験した。その時、彼がかつて紡ぎ出したことのない言葉を無意識の領域からすくい上げ、生が凝縮されたたこの時空間の中で紡ぎ出した結果が彼の詩であった。筆者は詩を吟味しながら、戦地では逃れようのない現実に精一杯適応（順応ではない）しつつも、想像力で以て現実を突き抜ける自らの生き方の視座を懸命に見つけ出し、言葉でそれを記録にとどめようとした彼の姿に心を打たれた。それを示したのが本書である。

本書の執筆・出版に当たっては多方面の方々・機関から支援をいただいた。誠に感謝に堪えない。森純子氏からは森家所蔵の数多くの文字資料・画像資料を提供していただいた。これらがなければこの書の刊行は不可能であった。国立公文書館アジア歴史資料センターのウェブ・ページではかけがえのない貴重な資料を閲覧させていただいた。その精緻なアーカイブズ作りの努力に敬意を表したい。

一応の原稿を完成させた段階以降は、熊本日日新聞社グループの熊日サービス開発株式会社出版部の植野健司氏と生野雅裕氏から私の出版計画について貴重な助言をいただき、それに基づき刊行までの道筋を明確に描くことができた。編集担当の満田泰子氏は原稿の校正に関して終始、細部にわたる懇切丁寧な助言を惜しまれなかった。その他、岸田和文氏や森純子氏を始め森國久顕彰会の多くの仲間たち、並びに友人・知己からの励ましの声にも助けられた。以上、関係各位に対し篤く御礼を申し上げる。

二〇二一年八月

田口　宏昭

【註】

(1) 太平洋戦争研究会編・森山康平著『図説　日中戦争』河出書房新社、二〇〇〇年（初版）〜二〇一七年（新装版初版）。

(2) ロバート・シャーロッド（中野五郎編・訳）『記録写真　太平洋戦争　上』（名著復刻）、『記録写真　太平洋戦争下』（名著復刻）光文社、一九五六年〜一九九五年。著者ロバート・シャーロッドは米国の著名な軍事記者である。太平洋戦争中の米軍が撮影した豊富な写真が同書に収められている貴重な戦争記録である。

(3) 他の山砲兵部隊などにも与えられていた可能性はある。

(4) 占領地の治安を維持する、すなわち敵の攻撃から占領地を守るための作戦・戦闘。

(5) 一九一九年（大正八年）に創刊され、社会主義的な思想傾向の評論を多く掲載したが、イデオロギーとは関係なく当時の文壇で活躍した著名な作家や詩人などの作品も数多く取り上げた知識層向けの総合雑誌である。

(6) 塩澤珠江著（松重充浩監修）『吉田謙吉が撮った戦前の東アジア―1934年満洲／1939年南支・朝鮮南部』草思社、二〇二〇年、九四〜一〇四頁。

(7) 孫文と宮崎滔天（とうてん）のつながりについては多くの文献で触れられ、論じられているが、多角的に検討された資料として「孫文―宮崎兄弟」交流顕彰事業実行委員会編『日中に架ける橋　孫文と宮崎兄弟』（一九九五年）をあげておきたい。また滔天の思想を世界史的視野のもとに掘り下げた研究書として加藤直樹『謀叛の児　宮崎滔天の「世界革命」』（河出書房新社、二〇一七年）がある。

(8) クラウゼヴィッツ（清水多吉訳）『戦争論　上』中央公論新社、二〇〇一年〜二〇一一年、三六〜三七頁。

(9) クラウゼヴィッツ、同書、三八頁。

⑽　エミール・デュルケーム（社会学者）が《集合的沸騰》と名づけた社会集団の祝祭的表現を、ロジェ・カイヨワは祭りと戦争の類似点に注目して《集団的昂奮》と表現した。彼は言う、「原始的な、社会秩序の支配している集団の最高の法は、外婚の規則によって制定されているし、現代社会におけるそれは、他人の生活を尊重するということによってつくられている。もしひとがそこで普通のときになにか害になることを行うなら、過酷な制裁や不名誉な非難に身をさらすことになる。しかし、戦闘あるいは舞踏のときがくると、新しい規範が生まれ、それらを一種の礼式の、それらを聖化したり、あるいは隠蔽したりするための儀礼行為を伴った範囲で行いさえすれば、また他方で凶暴な本能の訓練されていない狂乱のなかで行われるにしろ、昨日は禁止され、嫌うべきものとみなされていた行為は今や栄光と威光をもたらすものとなる。それは戦時に名誉とされる敵の殺戮だけでなく、市民生活に固有の道徳が否定し、両親が子どもに禁じ、さらに世論や法律が大人に禁じている行為や態度全体なのである。策謀や流言が信じこまれるのだ。窃盗すら黙認される。生活必需品やあるいは一日分の食糧を手にいれなければならないときには、方法がどうであれかまってられないのだし、ひとは謹直さよりは才智にたけたほうがはるかにいいと考えるものなのである。そして、殺人そのものに対して、ひとはそれを強いられて行い、褒賞を受け、是非とも必要なものだということを知らされるのである」。ロジェ・カイヨワ（小苅米晛訳）『人間と聖なるもの』せりか書房、一九六九年、二五三〜二五四頁。

　交戦中の軍の残虐行為に関する事実の有無の認定をめぐって、しばしば論争がおこなわれるが、ロジェ・カイヨワのこのような戦争論を踏まえれば、《日常道徳の停止した戦争状態》のなかでは殺人という残虐行為はむしろ「あたりまえ」であり、窃盗、強盗、強姦さえ大いにあり得ることであり、それがなかったかのように強弁・弁解することと自体、《戦争の本質に対する無知》を物語るものである。主義主張の違いをはるかに超えて、人間における戦争は野生動物の世界と同じくらいかそれ以上に、品位に欠ける野蛮な状態を生み出す。

次の資料も参照。ロジェ・カイヨワ（内藤莞爾訳）『聖なるものの社会学』（弘文堂、一九七一年）は、本文二三三頁のうち一三三頁が「戦争のめまい」という主題に当てられており、おそらく「戦争の社会学」への初めての本格的挑戦であると考えてよい。「戦争」を国家という「共同体」の「めまい」としてとらえる視点が斬新であった。他に田口宏昭「聖なるものと現代社会」『現代生活と社会学的視点』（藤野隆一・千石好郎・丸山定巳編）（葦書房、一九七七年、二五七〜二八四頁）も参照した。また、飯田剛史がデュルケム理論に依拠しながら集合の概念を整理し、かつ社会集団の「動的高密度状態」の概念を導入しながら集合力の発生を定式化していることを評価したい。詳しくは飯田の『現代社会における聖と俗―デュルケム・9・11テロ・生駒・在日コリアン』の第I部第一章第二節「9・11事件からイラク戦争へ」及び第三節「「集合意識」は民衆の力か？ 戦争を防ぐことは可能か？」、第I部第二章第二節「儀礼における集合力と象徴」の第一項「集合力の概念」及び第二項「集合力の発生」を参照されたい。

(11) 翁英作戦の記録が数多く撮られ、しかも説明も比較的詳細であることに鑑みれば、彼が写真の現像、焼き付け、整理、写真に付した覚え書きの記入などの作業は、この作戦から戻ってからのことと推定される。

(12) インド、パキスタン、バングラディシュ、ネパール、ブータン、スリランカ、モルディブがこれに含まれる。

(13) この無抵抗の捕虜処刑（虐殺）事件について、フランスによるBC級戦犯裁判（サイゴン裁判）において裁判案件の一つになったことが以下の文献で明らかにされている。難波ちづる「第二次世界大戦後におけるフランスのインドシナ復帰―戦時期の精算と対日本人戦犯裁判―」『三田学会雑誌』、二〇一一年、Vol.104, No2 一七九〜二〇六頁。インドシナ半島の諸民族に対する宗主国フランスによる過酷な植民地支配のことも想起すべきだが、戦争や武力による支配においては日常の道徳は麻痺状態に陥り、徳義は停止状態になることをさまざまな事実がよく示している。

(14) 中野五郎『朝日新聞記者の見た昭和史』光人社、一九八一年、三〇一～三二六頁。仏印側と交渉を進めていた大本営首脳部の命令に従わない強硬派の日本軍部隊が国境を越えて南下し、ドンダン要塞付近で応戦した仏印守備隊とのあいだで大激戦となり、仏印軍は連隊長以下全滅した。したがって北部仏印進駐は平和裏に進んだ進駐ではなく、「流血の進駐」であった。森山康平によれば「日中戦争を自ら停戦に持ち込むことができなくなった陸軍が、さらなる大きな戦争で解決しようとした」（森山康平『図説　日中戦争』、一四八頁）のが北部仏印進駐とその翌年の南部仏印進駐であり、さらには太平洋戦争であった。人間の社会生活の一領域が遊戯やギャンブルの世界であるが、そこでの心理的経験の一つが「めまい」である。この「めまい」が集団（国家や軍事組織）レベルで発生し、一定期間持続したと考えれば、森山の説明と通じる。「勝つか負けるか」の、不確定であるが故に当事者をわくわくさせるような暗い衝動の闇の中に集団の成員（特に軍の高級幹部たち）が吸い込まれていったのが日中戦争と太平洋戦争であったのかもしれない。

この動きを密かに歓迎したのが実は中国共産党であったのではないか。総司令部機能を失い、個別の軍閥的作戦を展開するのみで長期的戦略を怜悧な判断で描くことができず、かつ大局を見ない軍部がこの党の深謀遠慮を見通せるはずもなかった。一九四〇年に周恩来（しゅうおんらい）が重慶でおこなった講演の内容がそれを示唆している（森山康平『図説　日中戦争』、一五〇頁）。小さなワナにばかり気をとられていると大きなワナを見落とすのである。

(15) ナチスドイツがフランス国内に打ち立てた傀儡（かいらい）政権の成立が、北部仏印で起こったこの惨劇を封印することに与（あず）ったかもしれない。なぜならヴィシー傀儡政権にとって、ヨーロッパ戦線における対応こそが急務であり、植民地である仏印問題は二次的問題であったからだ。

(16) 確かに、戦場における友の生死を気遣う森國久のこのような戦争体験のありようは、ナポレオン時代のドイツの軍人であり、没後にその遺稿が『戦争論』として出版され、軍事学の泰斗として評価されるクラウゼヴィッツの戦争観からすれば、「粗暴さを忌み嫌う余り戦争の本質を無視してしまうのは、無益な努力であるばかりでなく、まったくナンセンスな努力であるとさえ言っていいだろう」(クラウゼヴィッツ、『戦争論　上』、三六頁)とあっさり突き放されてしまいそうだ。

クラウゼヴィッツは「戦争とは、敵をしてわれらの意志に屈服せしめるための暴力行為のことである」(クラウゼヴィッツ、『戦争論　上』、三五頁)と迷うことなく断言し、また「戦争とは暴力行為のことであって、その暴力の行使には限度のあろうはずがない。一方が暴力を行使すれば他方も暴力で以て抵抗せざるを得ず、かくて両者の間に生ずる相互作用は概念上どうしても無制限なものにならざるを得ない」(同書、三八頁)と言いきる。敵対意志がぶつかり合うのが戦争であるから、相手の兵士を殺すか降伏させるかによって相手を屈服させる。暴力の相互作用は無制限になり、進行するほど死の機会は増大するのは当然である。彼に言わせれば戦争は危険なものなのであり、その意味においてクラウゼヴィッツは戦争の本質をよく見抜いている。

だが、クラウゼヴィッツの戦争観は、彼が皇帝に軍事学の講義ができるほどの軍事エリートであったことを前提に評価しなければならないだろう。職業軍人だけが戦争に参加するのではなく、徴兵制度によって一般国民が戦争に参加させられる近現代の戦争にあっては、危険の極限にあらわれる戦死が、軍事エリートにおいては最大限の名誉と賛辞とでもって讃えられるのに対し、徴兵制で狩り集められた一般の兵士大衆においては通り一遍の賛辞で済まされるのである。しかも近代的な戦争においては、軍事エリートはその位階が上位になればなるほど前線から遠い空間で戦争の指揮を執る機会が増大し、戦死の危険性から遠ざかるのであるし、反対に位階の低い一般兵士大衆ほど最も危険な前線に派遣され、死の危険が増すのである。さらにはエリートの死は、その遺族に相当額の生活保障（年金）で報われるのに対し、徴兵された兵士の死は、せいぜい申し訳ばかりの生活保障（年金）で報われるに過ぎないのである。

クラウゼヴィッツの戦争論は戦争の本質を突いているのだが、戦争を職業として生きるのではない大衆の生活や生のありようという視点から捉え直した場合、「平和論」あるいは「和平論」によって補われる必要があるように思われるのである。そうなったときに森國久のような人間の苦悶がよりよく理解されるだろう。

(17) 当時のアメリカ側の臨戦態勢の遅れについては、シャーロッドが『記録写真　太平洋戦争　上』（九～一三頁及び一六～一七頁）で概観している。ハル・ノートの手交を境にして日米の対立・決裂は決定的となったのであるが、シャーロッドによればアメリカはこの時点では、日本との交戦に備えた本格的な臨戦態勢には入っておらず、六隻の航空母艦を保有する日本海軍による真珠湾への奇襲攻撃は、アメリカ海軍が予想もしないことであったらしい。この奇襲攻撃の後に初めてアメリカは日本に宣戦布告し、続けてドイツとイタリアに対しても宣戦布告した（一六頁）。

(18) シャーロッドによれば、アメリカの駆逐艦が、日本機襲来一時間前に日本海軍の特殊潜航艇一隻を撃沈したのであるが、駆逐艦から打電されたこの事案の報告が何らかの手違いで司令部に伝達されるのに手間取ってしまったということと、ある陸軍兵（おそらくハワイ島に駐留していた）が日本機の第一次攻撃隊の来襲を電波探知機の映像画面上に捉えていた（シャーロッド、同書、一七頁）にもかかわらず、彼の上官の当直将校が、「夢想」もしない来襲の報告を一笑に付した（シャーロッド、同書、一七頁）らしい。この二つのミスが重なり、アメリカ軍の対応が間に合わなかったのである。さらにアメリカ本土からアメリカ機若干が真珠湾にたまたま到着する予定であったが、日本機の奇襲には間に合わなかったという事情もこれらに重なった。それにしてもアメリカは日本軍の暗号を用いた無線交信を、すでにハル・ノート手交の時点で解読する能力を得ていたので、真珠湾攻撃の作戦の無線連絡の内容をアメリカ軍は傍受し、事前察知し得たはずだと思われるのだが、真相は果たしてどうか。もし傍受していたために、アメリカの最も高価で重要な軍事資産である航空母艦三隻を密かに真珠湾から、一時、公海上に退避させていたのであれば、日本軍の真珠湾攻撃は、アメリカ政府がこれを「おとり」に、つまり日本への宣戦布告案を議会で説得し、議会でそれを通過させるための格好の材料にした、という解釈が成り立たないでもない。しかしシャーロッドはこのような仮定には触れず、真珠湾攻撃の戦史をたった二頁の記述だけで済ませ「日本軍の奇襲は徹底的で、完全に成功した」と結論づけている。筆者はこの結論には納得しない。

(19) 一九四四年、超戦艦「大和」(基準排水量六万三千七百トン。当時の世界では世界最大トン数)もレイテ湾の大海戦に参加したがアメリカ海軍機による攻撃で被弾し、一旦戦列を離れ、超戦艦「武蔵」(基準排水量は「大和」と同じ)は撃沈された。これはアメリカの軍事力が日本のそれを凌駕(りょうが)してゆく象徴的な事件であった。国立公文書館アジア歴史資料センター『重慶UP新聞電報放送(十八日)』(Ref.A03024554900)にこの作戦の詳細な記録がある。

(20) 国立公文書館アジア歴史資料センター『重慶UP新聞電報放送(六月三十日)』(Ref.A03024476800)がこの作戦の詳細を記録している。

(21) この作戦の公式記録には「後藤支隊ハ第二十一軍ノ企図ニ基キ海軍ト協同シ」とある(国立公文書館アジア歴史資料センター『山(汕)頭潮州攻略戦及花縣附近反撃作戦 自昭和14年6月21日至昭和14年7月4日』、Ref.

C11110442800)。この作戦のみならず、日中戦争においては海軍が意外と多くの作戦に積極的にかかわっていた。この作戦が陸軍と海軍の協同作戦であったことについて越智も「汕頭・潮州攻略、陸海軍協定」の存在に言及して触れている（越智春海『太平洋戦争に導いた華南作戦』、光人社、二〇一五年、一三一～一三二頁）。

(22)「蔣介石」に率いられる国民革命軍を物質的に「援護」する補給ルートの意味でこう呼ばれた。

(23) 越智春海『太平洋戦争に導いた華南作戦』、一三二頁においては「十四日」と記されているが、森國久の軍隊手帳の公式記録では十五日となっている。船団を組んで順次出港するので日付のずれがあるのはやむを得ない。

(24) 越智春海、同書、一三一～一三六頁。

(25) 澎湖（ほうこ）群島は現在台湾領内の海域にある九十余りの島々からなる群島。

(26) 一九三八年五月に南京の北北西方向にある武漢の広大な平原で日本軍と中国軍が展開した戦い。包囲作戦をとった日本軍が進撃したが、中国軍は朝霧の中を徐州の南から出発し、次いで東から西へと退却した。両軍は進軍のラインがたまたま交差せず、その結果、軍事衝突する機会なしに日本軍が徐州を無血占領した。森山康平『図説　日中戦争』、一〇三～一〇九頁。

(27) 森國久の記録では「チェコ」と記されているのがこれである。正式名称は「ブルーノZB26軽機関銃」と呼ばれる携帯に便利な機銃。

(28) 越智春海、『太平洋戦争に導いた華南作戦』、光人社、二〇一五年、一三四～一三五頁。

(29)「退いては日本軍を誘い、持久戦に持ち込む戦略」（森山康平『図説　日中戦争』、六一頁）。

(30) しかしそれはとても「せっかち」で場当たり的な「発想」であり、戦略「思想」に値するかどうか疑問が残るところである。

(31) 戦略的一時待避を多用する中国軍との戦闘が終わったのちに、敵軍の何千という死体の数を日本軍が数え、それを記録として残しているが、誰がどのようにして数えたのだろうか。

(32) 越智春海『華南戦記　広東攻略から仏印進駐まで』(図書出版社、一九八八年、九八頁) にある「日本軍の予測というのは常に願望の置き換えだった」という警句は、「日本軍」を他の言葉に言い換えるならば、今日の組織論にも通じ、傾聴に値する。

(33) 越智春海、同書、一一一～一一二頁。

(34) 越智春海、同書、一～五頁。

(35) 越智のたどった進路は彼の著書の記述と次の資料から推論した。国立公文書館アジア歴史資料センター『第3飛行集団戦闘要報南第64号』(Ref.C04122505600)。

(36) 国立公文書館アジア歴史資料センター『重慶UP新聞電報放送（六月三十日）』(Ref.A03024476800)

(37) 森山康平『図説　日中戦争』、一四一頁。

(38) 一九三九年末から翌年はじめにかけて中国国民軍は冬期攻勢をかけた。日本軍が占領していた南寧に対する中国軍の攻勢もその一環である。森山康平『図説　日中戦争』、一三九頁参照。

(39) 国立公文書館アジア歴史資料センター『翁英作戦戦闘詳報（第21号）自昭和14年12月18日至昭和15年1月5日独立山砲兵第2連隊』(Ref.C13070246800)、〇〇八四～〇一二二頁。

(40) 国立公文書館アジア歴史資料センター『翁英作戦戦闘詳報（第21号）自昭和14年12月18日至昭和15年1月5日独立山砲兵第2連隊』(Ref.C13070246800)、〇〇八四～〇一二二頁。

(41) 森國久自身が書き残したメモ、『世界全地図』(講談社、一九九二年)、グーグルマップ等も参照。

(42) 国立公文書館アジア歴史資料センター『翁英作戦戦闘詳報（第21号）自昭和14年12月18日至昭和15年1月5日独立山砲兵第2連隊』（Ref.C13070246800）、〇〇八五頁。

(43) 国立公文書館アジア歴史資料センター『翁英作戦戦闘詳報（第21号）自昭和14年12月18日至昭和15年1月5日独立山砲兵第2連隊』（Ref.C13070246800）、〇〇八八頁。文中の、たとえば「〇一〇〇」と略記されているのは、午前一時のこと。深夜に行動していたことが分かる。「南陽団附近戦闘詳細図」は同上資料に収載されているものである。

(44) 国立公文書館アジア歴史資料センター『翁英作戦戦闘詳報（第21号）自昭和14年12月18日至昭和15年1月5日独立山砲兵第2連隊』（Ref.C13070246800）、〇〇八八頁。地形的には太い尾根があり、そこからムカデの足のように左右にたくさんの谷の切れ込みが延々と続くような景観を想像することができる。

(45) 国立公文書館アジア歴史資料センター『翁英作戦戦闘詳報（第21号）自昭和14年12月18日至昭和15年1月5日独立山砲兵第2連隊』（Ref.C13070246800）、〇〇九六〜〇〇九七頁。

(46) 国立公文書館アジア歴史資料センター『翁英作戦戦闘詳報（第21号）自昭和14年12月18日至昭和15年1月5日独立山砲兵第2連隊』（Ref.C13070246800）、〇〇九八頁。

(47) 一連の戦闘は二十四日と二十五日の二日間で一区切りついたが、翌二十六日早朝から退却する中国軍に対する追撃戦が展開された。

(48) 「牛背脊圩」の圩とは「堤、へこみ、村」の意。

(49) 国立公文書館アジア歴史資料センター『翁英作戦戦闘詳報（第21号）自昭和14年12月18日至昭和15年1月5日独立山砲兵第2連隊』（Ref.C13070246800）、〇一〇四〜一〇五頁。

(50) 国立公文書館アジア歴史資料センター『翁英作戦戦闘詳報（第21号）自昭和14年12月18日至昭和15年1月5日独立山砲兵第2連隊』（Ref.C13070246800）、〇一〇九～〇一一〇頁。

(51) 当時、広州とその西方の三水、及び広州と香港を結ぶ鉄道が敷かれていた。前者を広三鉄道、後者を広九鉄道と呼んでいた。

(52) 馬力の大きい駄馬は農耕用、軍用、炭坑の地底での石炭運搬などに使役された。

(53) 手持ちの銃弾が使い果たされたとき、この場合は軍刀を抜いて戦う戦闘。

(54) 越智春海、『華南戦記　広東攻略から仏印進駐まで』、二一二頁。

(55) 越智春海、同書、二一五頁。

(56) 越智春海、同書、二一四頁。

(57) 漢の時代からの街。南寧の北方七、八〇キロメートルにある。賓陽作戦については越智春海の分析（越智春海『太平洋戦争に導いた華南作戦』、一八五～二六一頁）が参考になる。彼は昭和十四年十二月に南寧とベトナム国境に近い龍州・鎮南関の間で展開された龍州作戦（龍州は南寧と同じくほぼ援蔣ルート上にある）と賓陽作戦を一連のものと捉えている。

(58) 良口会戦については国立公文書館アジア歴史資料センター『良口会戦　自昭和15年5月7日至昭和15年6月14日』（Ref.C11110444500）の〇四八五頁を参照した。引用時にカタカナ表記はひらがな表記に替え、旧漢字は当用漢字に変更した。宜昌作戦（一九四〇年五月一日～六月二十四日）については、同館アジア歴史資料センター『宜昌作戦概況送付の件（1）』（Ref.C04122319200）の〇四七五～〇四七七頁を参照した。

後者は一九三九年末から翌年にかけての、中国軍による冬期攻勢に対する報復作戦であった。森山康平（『図説日中戦争』、一四二～一四三頁）によれば、この地は揚子江河口から約四百キロメートルさかのぼる地点にあり、それより奥の揚子江支流の漢水流域に展開する中国軍約三十五万名に対する補給基地であり、当時の蔣介石政府の首都、重慶防備の第一線であった。

(59) 戦線を拡大すればするほど占領地を守備する兵員の数を増やさなければならないのだが、理屈よりも戦意という感情を重視する当時の軍幹部にはその理屈は軽視され無視されたのであろう。

(60) 長期的にみれば緻密な情報分析に基づく冷静な判断と戦略構想が根本的な条件である。目標と手段の連携が合理的で方向性があり、かつ状況の変化に応じて臨機応変に修正することができるかということにかかっている。そこでは楽観も悲観も避けなければならない。

(61) 民衆は全体主義の支え手でもあるがその犠牲者でもある。全体主義は民衆の不満と不安を運動のエネルギーに転化するため「情」に訴えるシンボル操作技能にたけ、常にそのことに腐心する権威主義的な国家体制である。

(62) ヴェルコール（河野与一・加藤周一訳）『海の沈黙　星への歩み』岩波書店、一九七三年。その後映画化された。

(63) 西原一策少将は陸士第二十五期、東大法学部にも学ぶ。フランス駐在経験あり、フランス語に堪能。面識のある中野は彼のことを「やっかいな対外交渉には最も適し」、「気骨のある外柔内硬の人格者であり」、「この大任を負って、じつに誠心誠意、その当時としては珍しい軍人外交に努力した」人物と評している。

(64) 中野五郎、『朝日新聞記者の見た昭和史』、三一七頁。これは中野が当時において内密に記録していた記者メモにもとづく内容である。

(65) 安藤利吉中将は強硬派で、主情的・野人型の軍人。森國久の所属する輜重兵中隊はこの安藤の指揮下にあった。

(66) 中野五郎、『朝日新聞記者の見た昭和史』、三一七～三一八頁。

(67) その主要な内容として①日本とフランスの利益を相互に尊重すること、②フランスは仏領インドシナへの日本軍の進駐を認めること、③進駐に関してはフランス側が日本側に進駐費用も含めて可能な限りの援助をおこなうこと、④日本と仏印との経済関係を強化することが盛り込まれた。

(68) 越智春海『華南戦記　広東攻略から仏印進駐まで』、二四二頁を参照。

(69) 越智春海、同書、二二二頁。

(70) 詳細は国立公文書館アジア歴史資料センター『印度支那軍司令官と在印度支那日本陸軍代表との間に於いて締結されたる協定』（Ref.C14121104400）参照。この資料には「日本先頭部隊ノ入国」との見出しで、「九月二十二日二十二時ハ日本当局ニ依リ厳守セラルベキモノナルニ鑑ミ部隊搭載ノ第一船ハ右期日ニ海防ニ入港スルコトヲ得」との記録が残されている。

(71) 特に南支方面軍司令官安藤中将、大本営陸軍作戦部長富永少将、第五師団中村部隊中村明人中将ら。後日、中村中将は進駐強行の件で事後更迭（こうてつ）された（越智春海『華南戦記　広東攻略から仏印進駐まで』、二七九頁）。日中戦争時の日本の軍隊は、大本営という形式上の総司令部が置かれてはいたが、それ自体が寄り合い所帯であり、関東軍をはじめ各方面軍等に対する大本営の絶対的統率が取れていない「軍閥化」状態であったと思われる。それはあたかも清朝の末期に軍閥が割拠し、清朝軍としての統率がとれていない状態と同じではないが、それと似かよっている。

将軍たちが軍功と、それを踏み台にする組織内の出世を競って（これはある意味において《利己主義》）、大本営との協議や大本営の承認という手順を抜きにして手柄ねらいの新作戦を次々と繰り出し、大本営はそれを事後的に追認するという事態が常態化していく。成功すればそれが功績として評価され、失敗して大本営無視を咎める処分がおこなわれても早晩、意図的に忘れられ、謹慎が解除されて出世のレールに乗ることができた。これが日本軍部エリート層の、仲間内に「甘い」暗黙のルールであった。このような特質は今日の会社組織に当てはめれば、いわばガバナンス（統治）の欠如（司令塔の不在）である。こうして日中戦争・太平洋戦争で日本軍は負けるべくして負けた。装備は近代化されたが、組織としては前近代のままの多数並立の「閥」原理、「ムラ」原理で動く司令塔なしの軍事組織。この面については、笠原十九司『日中戦争全史　上』（高文研、二〇一七年、二一四頁）の、石原莞爾が軍隊組織内の「下剋上」の風潮の先駆けをつくった、との指摘が示唆に富む。当時の日本軍組織の問題点については、戸部良一らの『失敗の本質―日本軍の組織論的研究―』（参考文献リストに掲載）も参考になる。

(72)『中国大陸徒歩四六〇〇キロの戦場体験』光人社、二〇一二年、七九～九〇頁。この資料は日本軍における職業軍人たちの「軍事エリート」対「兵士大衆」という構図を下敷きにして読み直すと、戦争とは何であったのか、という問いに対してもう一つの答えを示唆してくれる。

(73) 司令官は安藤利吉中将。一九三九年二月に実行された海南島攻略は中国南部の援蒋ルートに対する航空作戦のための基地確保というねらいがあったと同時に、北部仏印進駐のための布石であったといえる。第二十一軍の指揮下にある台湾混成旅団に、南方展開に意欲を示す海軍の第五艦隊が協力する形で遂行されたこの攻略戦の要約は、参考文献リスト中の『海南島攻略戦　南支那面　自昭和14年2月10日至昭和14年2月23日』に記されている。

(74) 作戦の詳細は国立公文書館アジア歴史資料センター『印度支那軍司令官と在印度支那日本陸軍代表との間に於いて締結されたる協定』（Ref.C14121104400）の〇〇〇一～〇〇五四頁に記されているが、作戦の概要は同センター『第3飛行集団戦闘要報南第64号』（Ref.C04122505600）〇四八七～〇四八八頁の「作戦の梗概」として記録されている。進駐の意図は次のように記されている。「事変勃発以来露骨ヲ極メタル仏印ノ援蒋行為モ欧州ニオケル本国ノ敗戦ニ依リ漸次其ノ態度ヲ改メ外交交渉ニ依ッテ概ネ我ガ要求ヲ容ルルニ至リタルモ裏面ニ於イテハ尚依然トシテ物資輸送ヲ実施シタリアリ。第二二軍ハ六月末以来仏印国境方面ニ兵力ヲ集結シ敵ノ対外補給路ノ遮断ニ任ズルト共ニ変転極マリナキ対仏印外交交渉ノ後拠トシテ終始厳タル威圧ヲ加エツツアリタリ。仏印ハコノ威圧ニ恐レツツモ我ガ現地交渉ニ対シテハ徒ニ時日ノ遷延ヲ策スルト共ニ国境付近要点ニ逐次兵力ヲ増加シ陣地ヲ強化シ訓練ヲ重ネ以テ我ガ侵攻ニ備エツツアリタリ。」(註=旧漢字を当用漢字に変換して表記した)。仏印側のこのような態度を口実として日本軍は九月二十三日をもって越境攻撃の強襲をかけたという筋書きになっている。実相については中野五郎『朝日新聞記者の見た昭和史』、三二五頁を参照。

(75) 中野五郎『朝日新聞記者の見た昭和史』、三〇五頁。

(76) ヨーロッパ列強の植民地からのアジアの解放を日本が担うというのが基調の神話。何時の時代でも神話はしばしば統治者の存在や行為の正当性を示すものとして創案されるものである。

【参考文献】

蘭信三編『中国残留日本人という経験―「満洲」と日本を問い続けて』勉誠出版、二〇〇九年
飯田剛史『現代社会における聖と俗―デュルケム・9・11テロ・生駒・在日コリアン』国書刊行会、二〇一八年
『岩波講座　世界歴史28　現代5　一九三〇年代』岩波書店、一九七一年
エミール・デュルケム（古野清人訳）『宗教生活の原初形態（上）』岩波書店、一九四一年（一刷）～一九七五年（三刷改訳）
越智春海『太平洋戦争に導いた華南作戦』光人社、二〇一五年
越智春海『華南戦記　広東攻略から仏印進駐まで』図書出版社、一九八八年
笠原十九司『日中戦争全史　上』高文研、二〇一七年
笠原十九司『日中戦争全史　下』高文研、二〇一七年
加藤直樹『謀叛の児　宮崎滔天の「世界革命」』河出書房新社、二〇一七年
加藤陽子『それでも、日本人は「戦争」を選んだ』新潮社、二〇一六年～二〇一七年（九刷）
クラウゼヴィッツ（清水多吉訳）『戦争論　上』中央公論新社、二〇〇一年～二〇一一年
クラウゼヴィッツ（清水多吉訳）『戦争論　下』中央公論新社、二〇〇一年～二〇一一年
小島晋治・丸山松幸『中国近現代史』岩波書店、一九九二年
国立公文書館アジア歴史資料センター『重慶UP新聞電報放送（十八日）』（Ref.A03024554900）（国立公文書館）
国立公文書館アジア歴史資料センター『重慶UP新聞電報放送（六月三十日）』（Ref.A03024476800）（国立公文書館）
国立公文書館アジア歴史資料センター『山（汕）頭潮州攻略戦及花縣附近反撃作戦　自昭和14年6月21日至昭和14年

7月4日』（Ref.C11110442800）（防衛省防衛研究所）

国立公文書館アジア歴史資料センター『第3飛行集団戦闘要報南第64号』（Ref.C04122505600）（防衛省防衛研究所）

国立公文書館アジア歴史資料センター『翁英作戦戦闘詳報（第21号）自昭和14年12月18日至昭和15年1月5日　独立山砲兵第2連隊』（Ref.C13070246800）（防衛省防衛研究所）

国立公文書館アジア歴史資料センター『1・翁英作戦経過概要図　自昭和14年12月中旬至12月31日』（Ref.C13031755100）（防衛省防衛研究所）

国立公文書館アジア歴史資料センター『良口会戦　自昭和15年5月7日至昭和15年6月14日』（Ref.C11110444500）（防衛省防衛研究所）

国立公文書館アジア歴史資料センター『宜昌作戦概況送付の件（1）』（Ref.C04122319200）（防衛省防衛研究所）

国立公文書館アジア歴史資料センター『1・広東攻略戦』（Ref.C13031770500）（防衛省防衛研究所）

国立公文書館アジア歴史資料センター『第2章・第1節・第6款　広東攻略戦』（Ref.C11110752900.C09471100012）（防衛省防衛研究所）

国立公文書館アジア歴史資料センター『海南島攻略戦　南支那面　自昭和14年2月10日至昭和14年2月23日』（Ref.C11110442600）（防衛省防衛研究所）

国立公文書館アジア歴史資料センター『賓陽作戦戦闘詳報（第23号）（自昭和15年1月13日至昭和15年2月10日）』（Ref.C13070247000）（防衛省防衛研究所）

国立公文書館アジア歴史資料センター『2・賓陽作戦経過概要図（自1月27日至2月4日）』（Ref.C13031755200）（防衛省防衛研究所）

国立公文書館アジア歴史資料センター『印度支那軍司令官と在印度支那陸海軍代表との間に於いて締結されたる協定』（Ref.C14121105400）（防衛省防衛研究所）
佐伯有一「中国革命の展開」『岩波講座　世界歴史　26　現代3　一九二〇年代』岩波書店、一九七〇年、三六一～四二〇頁
佐々木春隆『華中作戦』光人社、二〇〇七年
塩澤珠江著（松重充浩監修）『吉田謙吉が撮った戦前の東アジア―1934年満洲／1939年南支・朝鮮南部』草思社、二〇二〇年
鈴木正四「大恐慌とその影響」『岩波講座　世界歴史　27　現代4　世界恐慌期』岩波書店、一九七〇年、三～七〇頁
「孫文―宮崎兄弟」交流顕彰事業実行委員会編『日中に架ける橋　孫文と宮崎兄弟』アルハット地域研究所、一九九五年
多木浩二『眼の隠喩　視線の現象学』青土社、一九八二年（＊特に「4　視線の政治学」において写真論が展開される）
田口宏昭「聖なるものと現代社会」『現代生活と社会学的視点』（藤野隆一・千石好郎・丸山定巳編）葦書房、一九七七年
田中雄一『ノモンハン　責任なき戦い』講談社、二〇一九年
辻正信『潜行三千里　完全版』毎日ワンズ、二〇一九年
戸部良一・寺本義也・鎌田伸一・杉之尾孝生・村井友秀・野中郁次郎『失敗の本質―日本軍の組織論的研究―』ダイ

ヤモンド社、一九八四年
永沢道雄『中国大陸徒歩四六〇〇キロの戦場体験』光人社、二〇一二年
中野五郎『朝日新聞記者の見た昭和史』光人社、一九八一年
難波ちづる「第二次世界大戦後におけるフランスのインドシナ復帰―戦時期の精算と対日本人戦犯裁判―」『三田学会雑誌』、二〇一一年、Vol.104, No2
日本経済新聞朝刊「風紋」（インパール作戦から七十五年　「抗命」師団長　語り継ぐ」）（新聞記事）、二〇一九年六月十七日
波多野澄雄・戸部良一・松元崇・庄司潤一郎・川島真『決定版　日中戦争』新潮社、二〇一八年
冨士田邦彦『集団と国家の社会学』文理閣、二〇〇〇年
堀啓『中国行軍　徒歩６５００キロ』川辺書林、二〇〇五年
マックス・ウェーバー（世良晃志郎訳）『支配の諸類型』創文社、一九七〇年
マックス・ウェーバー（世良晃志郎訳）『支配の社会学』創文社、一九七〇年
水島治男『改造社の時代　戦前編』図書出版社、一九七六年
森山康平『図説　日中戦争』河出書房新社、二〇〇〇年（初版）～二〇一七年（新装初版）
山本七平『私の中の日本軍（上）』文藝春秋、一九七五年
山本七平『私の中の日本軍（下）』文藝春秋、一九七五年
ロバート・シャーロッド（中野五郎編・訳）『記録写真　太平洋戦争　上』光文社、一九五六年～一九九五年
ロバート・シャーロッド（中野五郎編・訳）『記録写真　太平洋戦争　下』光文社、一九五六年～一九九五年

ロジェ・カイヨワ（小苅米晛訳）『人間と聖なるもの』せりか書房、一九六九年
ロジェ・カイヨワ（内藤莞爾訳）『聖なるものの社会学』弘文堂、一九七一年

著 者 紹 介：田口宏昭（たぐち・ひろあき）

1944年大阪府生まれ。京都大学大学院文学研究科（社会学専修）博士課程単位取得退学。専門は医療社会学、コミュニケーション論、死の社会文化論。熊本大学名誉教授・顧問。

主要編著書：『病気と医療の社会学』（単著、世界思想社）、『ケア論の射程』（共著、九州大学出版会）、『よき死の作法』（共編著、九州大学出版会）、『よき死の作法をめぐって』（共編著、熊日出版）、『水俣の経験と記憶—問いかける水俣病—』（共編著、熊本出版文化会館）、『水俣からの想像力—問いつづける水俣病』（共編著、熊本出版文化会館）、"TAKING LIFE AND DEATH SERIOUSLY BIOETHICS FROM JAPAN"（CO—AUTHOR、ELSEVIER、2055）

戦場の詩人　－森國久の写真詩と日中戦争－

2021（令和3）年 10月 22日　発行

著　者　　田口　宏昭

制作・発売　熊日出版（熊日サービス開発株式会社 出版部）
〒860-0823　熊本市中央区世安町172
TEL 096（361）3274

装　丁　　内田直家（ウチダデザインオフィス）

印　刷　　株式会社チューイン

ISBN 978-4-908313-78-3　C0023